크리스천,
자유를
묻다

CHRISTIAN FREEDOM
by Samuel Bolton

Copyright ⓒ 2016 by Christian Focus Publications, Grace Publications Trust
Originally published in English under the title: *Christian Freedom*
published by Christian Focus Publications
Geanies House, Fearn, Tain Ross-shire IV 20 1TW SCOTLAND, U.K.
All rights reserved.

Korean Edition published by Word of Life Press, Seoul 2017
Translated and published by permission.
Printed in Korea.

크리스천,
자유를 묻다

ⓒ 생명의말씀사 2017

2017년 4월 14일 1판 1쇄 발행

펴낸이 | 김재권
펴낸곳 | 생명의말씀사

등록 | 1962. 1. 10. No.300-1962-1
주소 | 서울시 종로구 경희궁1길 5-9(03176)
전화 | 02)738-6555(본사)・02)3159-7979(영업)
팩스 | 02)739-3824(본사)・080-022-8585(영업)

기획편집 | 박미현, 유영란
디자인 | 김혜진, 윤보람
인쇄 | 영진문원
제본 | 정문바인텍

ISBN 978-89-04-16586-5 (03230)

저작권자의 허락없이 이 책의 일부 또는 전체를
무단 복제, 전재, 발췌하면 저작권법에 의해 처벌을 받습니다.

책에 대해서

이 책은 17세기 청교도 새뮤얼 볼턴의 책을 현대 어법에 맞게 고쳐 쓴 것입니다. 여기서 저자는 신앙생활의 중요한 문제를 몇 가지 다루는데, 청교도 저자들이 으레 그렇듯 그 역시 확고한 성경의 관점에 근거해 답을 제시합니다.

특히 저자가 그리스도인의 자유의 본질을 파헤치는 방식이 유익합니다. 그는 우리가 무엇으로부터 구원을 얻었고, 하나님이 그 자유를 어떻게 사용하기 원하시는지 명쾌하게 밝힙니다. 자유와 순종은 서로 대립된 양극이 아니라, 동전의 양면처럼 모두 신앙생활에 포함된다고 말합니다. 이러한 그의 주장은 오늘날 우리의 상황에 절실히 필요한 가르침일 것입니다.

—

마이클 헤이킨(Michael A. G. Haykin)
켄터키 주 루스빌, 남침례교신학교 성경적 영성 및 교회사 교수

CONTENTS

머리말 _ 6

01 그리스도인의 자유란 무엇인가? _ 8
02 율법으로부터의 자유란 무엇인가? _ 24
03 율법에서 자유한데 율법을 지켜야 하는가? _ 42
04 왜 하나님의 도덕법에 순종해야 하는가? _ 52
05 율법과 은혜는 서로 모순되지 않는가? _ 66

THE TRUE BOUNDS OF
CHRISTIAN FREEDOM

06	죄에서 자유하면 징벌에서도 자유한가? _ 78
07	순종해야 한다면 자유롭지 않은 것 아닌가? _ 88
08	그리스도인의 참된 순종이란 무엇인가? _ 96
09	순종할 때 상급을 기대해도 되는가? _ 106
10	다시 죄의 종이 될 수도 있는가? _ 124
11	당신은 참된 자유를 얻었는가? _ 132

머리말

이 책은 새뮤얼 볼턴의 『그리스도인의 자유의 한계』(*The True Bounds of Christian Freedom*)를 간단히 요약한 것이다.

새뮤얼 볼턴은 1606년에 런던에서 출생해 케임브리지대학교 크라이스트칼리지에서 수학했다. 그는 런던에서 사역자로 일하다가 크라이스트칼리지 학장으로 부임했고, 그 후에는 케임브리지대학교 부총장을 역임했다. 『그리스도인의 자유의 한계』는 볼턴의 두 번째 책으로, 1645년에 처음 출판되었다.

볼턴이 이 책에서 설명하는 그리스도인의 자유의 본질은 모든 그리스도인이 알아야 할 매우 중요한 주제이다. 과연 "아들이 너희를 자유롭게 하면 너희가 참으로 자유로우리라"(요 8:36)고 하신 예수님의 말씀은 무슨 뜻일까? 그리스도를 믿고 자유롭게 된 사람도 율법에 순종해야 할까? 하나님의 은혜와 율법은 서로 상충하지 않는가? 이런 질문과 그 밖의 여러 문제들에 대해 볼턴은 철저히 성경의 관점을 토대로 대답한다.

볼턴은 이런 문제들을 단순히 학문적으로 논의하지 않는다. 계속 복음을 상기시키며 예수 그리스도를 믿는 사람에게 일어나는 놀라운 변화를 알려 준다. 그는 그리스도인의 참된 순종은 변화된 마음에서 비롯하여 하나님을 사랑하는 마음을 통해 이루어진다고 강조한다. 또한 "그리스도인이 죄를 지어도 징계를 받는가?"와 같은 실제적인 문제를 다루면서, 독자에게 우리의 행위가 아닌 그리스도께서 우리를 위해 행하신 사역을 의지하라고 독려한다.

아무쪼록 이 책을 읽는 모든 사람이 예수 그리스도의 사역을 통해 죄로부터 자유롭게 된다는 말의 의미를 보다 깊이 이해하기를 바란다. 그래서 그리스도와 그분의 영광을 위해 살겠다는 열정을 품게 되기를 바라 마지않는다.

2014년 11월,
루스 퍼스(Ruth Firth)

THE TRUE BOUNDS OF
CHRISTIAN FREEDOM

01

—

그리스도인의
자유란
무엇인가?

우리가 누리는 자유에도 종류가 있는가?
예수님이 말씀하신 자유는 무엇인가?
우리가 생각하는 자유는 예수님이 말씀하신 자유와 같은가?

그리스도인의
자유란
무엇인가?

●

"아들이 너희를 자유롭게 하면 너희가 참으로 자유로우리라"(요 8:36).

이 구절은 예수님이 자신을 반대하는 유대 지도자들과 논쟁을 벌이는 상황에서 가르치신 말씀이다. 여기서 요한은 그들 가운데 다수가 예수님을 믿었다고 말한다. 그러나 다른 사람들은 예수님과 그분의 가르침을 거부했다. 그들은 예수님께 "우리가 아브라함의 자손이라 남의 종이 된 적이 없거늘 어찌하여 우리가 자유롭게 되리라 하느냐"(요 8:33)라고 주장했다.

그러나 이 주장은 사실이 아니었다. 유대인의 역사를 돌아보면 자유를 누린 적이 많지 않았다. 심지어 예수님이 계신 당시에도 그들은 로마 제국의 지배를 받았다. 예수님은 이 사실을 상기시킬 수도 있었지만 그러지 않으셨다. 예수님의 대답에서 분명히 알 수 있듯, 그분은 정치적 자유가 아닌 죄로부터의 자유를 가르치셨기 때문이다. 예수님은 "죄를 범하는 자마다 죄의 종이라"(34절)고 말씀하신 후, 36절에서 죄의 속박에서 자유롭게 되는 길을 보여 주셨다.

이것이 본문의 맥락이다. 그렇다면 이제 본문을 좀 더 자세히 살펴보자. 밝히려는 요점은 모두 네 가지이다.

1) 자유라는 긍정적인 덕목이 언급되었다.
2) 이 자유는 참된 자유로 일컬어진다.
3) 누가 이 자유를 소유하는가? 예수님을 믿는 자들이다.
4) 누가 우리를 자유롭게 하는가? 예수 그리스도이시다.

네 가지 요점에서 도출되는 결론은 다음과 같다.

1) 모든 사람이 속박 상태에 있다.
2) 어떤 사람들은 속박 상태에서 자유롭게 되었다.
3) 그들은 그리스도에 의해 자유를 얻었다.
4) 그들은 진정으로 자유롭게 되었다.

이를 한 문장으로 요약하면 이렇게 말할 수 있다. "그리스도께서 진정한 자유를 소유하시며, 참된 그리스도인에게 그 자유를 허락하신다."

우리가 말하는 자유는 무엇일까?

자유의 종류는 다양하다. 정치적 자유가 그 하나이다. 그러나 본문에서 예수님은 정치적 자유를 말하지 않으셨다.

자유에는 또한 육적 자유, 곧 방탕할 자유가 있다. 바울은 갈라디아서 5장 13절에서 "그 자유로 육체의 기회를 삼지 말고"라는 말로 육적 자유에 대해 경고했다. 사람들이 하나님의 은혜를 남용해 죄를 짓는 기회로 삼는 것은 참으로 안타까운 일이다. 유다서 1장 4절에 그런 사람들이 언급되었는데, 이들은 하나님의 참된 자녀가 아니다.

여기서 예수님이 말씀하신 자유는 영적 자유이다. 예수님은 우리를 위해 자신의 피로 이 자유를 사셨다. 성경은 이 자유를 굳게 지키라고 명령한다(갈 5:1).

영적 자유의 특성은 무엇인가?

영적 자유의 특성을 크게 세 가지로 말하면 다음과 같다.

1) 상상이 아닌 실제로 존재하는 자유이다. 자유롭지 않은데 자유로운 듯 생각하는 사람들도 있다. 그러나 영적 자유는 분명한 현실이다.
2) 완전한 자유이다. 우리는 우리를 속박하는 모든 것, 곧 사탄, 죄, 율법, 하나님의 진노, 사망과 지옥에서 자유롭게 되었다. 이는 모든 그리스도인에게 적용되는 현실이다.
3) 영원한 자유이다. 우리는 다시 속박되지 않는다. 하나님의 자녀가 된 우리는 종의 신분으로 되돌아가지 않는다.

영적 자유에는 두 단계가 있다. 곧 우리는 현세에서 이 자유를 누리고, 장차 하늘에서 완전한 자유를 누린다. 우리가 지금 누리는 자유는 완전한 자유의 시작이다. 이 말이 어떤 의미인지 이 책을 통해 좀 더 깊이 이해하게 될 것이다.

우선, 그리스도인이 누리는 자유의 "소극적인" 측면을 살펴보면 다음과 같다.

1. 사탄으로부터의 자유

"그도 또한 같은 모양으로 혈과 육을 함께 지니심은 죽음을 통하여 죽음의 세력을 잡은 자 곧 마귀를 멸하시며 또 죽기를 무서워하므로 한평생 매여 종 노릇 하는 모든 자들을 놓아 주려 하심이니"(히 2:14-15). 이 말씀대로 예수님은 사탄에게서 우리를 해방하셨다. 이스라엘 민족이 애굽으로부터 구원을 받았듯, 예수님은 그 강력한 손으로 우리를 사탄에게서 구원하셨다.

2. 죄로부터의 자유

첫째로 우리는 죄책에서 자유롭게 되었다. 우리는 죄로 더럽혀졌으나 깨끗하게 씻김을 받았기에 더는 죄의 권세 아래 있지 않다. 우리는 하나님의 진노와 정죄에서 자유롭게 되었다. 예수님이 이 모두를 친히 감당하셨고, 우리의 죗값을 치르셨다. 우리의 죄가 무엇이든 죄는 우리를 정죄할 수 없다. 죄는 우리로 하나님의 진노나 저주를 받게 할 수 없다. "그러므로 이제 그리스도 예수 안에 있는 자에게는 결코 정죄함이 없나니"(롬 8:1).

이는 모두 하나님이 행하신 일이다. 하나님은 우리 모두의 죄악을 그리스도께 담당시키셨다(사 53:6). 예수님은 우리의 죄를 모두 짊어지셨고, 우리의 빚을 모두 갚아 주셨다.

바울은 로마서 8장 33-34절에서 분명히 밝힌다. "누가 능히 하나님께서 택하신 자들을 고발하리요 의롭다 하신 이는 하나님이시니 누가 정죄하리요 죽으실 뿐 아니라 다시 살아나신 이는 그리스도 예수시니 그는 하나님 우편에 계신 자요 우리를 위하여 간구하시는 자시니라." 부활은 그리스도께서 그 일을 이루셨다는 확실한 증거이다. 우리의 죄가 무엇이든 죄는 우리를 정죄할 수 없다.

무슨 죄를 지었든 우리는 죄로 인한 하나님의 진노와 그 결과를 당하지 않는다. 죄에 대한 하나님의 진노에 뒤따르는 모든 불행과 형벌에서 우리는 자유롭게 되었다. 이제 하나님은 우리를 항상 긍휼로 대하신다. 하나님의 진노가 우리에게 임하는 법은 결단코 없다.

물론 하나님은 우리가 죄를 지을 때 징계를 베푸신다. 그러나 징계를 받는 것과 하나님의 진노를 당하는 것은 전혀 다르다. 그리스도인을 향한 하나님의 징계에는 다른 목적이 있다.

하나님은 죄에 대한 대가를 치르게 하실 목적으로 우리를 벌하거나 삶의 시련을 허락하지 않으신다. 그런 일은 불가능하다. 예수님이 모든 대가를 완전히 치르셨기 때문이다. 하나님의 징계는 환자에게 약을 먹이는 것과 같다. 그분이 우리를 징계하시는 이유는 우리를 치유하려는 목적이다. 그러나 믿지 않는 자들은 그런 은혜를 누릴 수 없다. 하나님은 그들에게 사랑이 많은 아버지가 아닌 거룩한 재판관이 되어 그들을 징벌하신다.

하나님이 자기 백성에게 행하시는 일은 모두 그들을 향한 사랑에서 비롯한다. 하나님은 그리스도인들을 유익하게 하고자 사랑으로 징계를 베푸신다. 그러나 믿지 않는 자들은 다르다. 그들은 여전히 하나님의 저주와 진노 아래 있다. 하나님은 그들의 죄를 잊지 않으신다.

둘째로 우리는 죄의 권세에서 자유롭게 되었다. "죄가 너희를 주장하지 못하리니"(롬 6:14). 왜 그러한가? 우리가 "법 아래에 있지 아니하고 은혜 아래에 있기" 때문이다. 우리가 율법 아래 있을 때에는 죄가 우리를 주장했다. 그때 우리는 죄가 우리를 주장하는 상태에 만족했다. 배가 강물을 따라 흘러가듯 우리도 죄가 이끄는 대로 이끌렸다. 더욱이 우리는 욕망에 사로잡혀 능동적으로 죄를 지었다. 그러나 이제는 그리스도께서 우리를 죄의 권세에서 자유롭게 하셨다.

그렇지만 우리 안에는 여전히 죄가 거한다. 이런 현실은 우리에게 많은 근심과 슬픔을 안겨 준다. 승리할 수 없음을 알면서도 종종 숨어서 싸움을 벌이는 패배한 군대처럼 죄가 여전히 우리를 방해하고 해롭게 한다.

경건한 그리스도인은 신앙을 갖기 전보다 더 죄로 인해 크게 근심할 수 있다. 그러나 분명한 것은 죄는 이제 우리를 주장하지 못하며, 일시적으로만 승리하는 듯 보일 뿐이라는 사실이다. 죄의 통치는 끝났다. 우리는 이제 죄가 주관하는 것을 행복으로 여기지 않는다. 아우구스티누스[1]는 죄와 관련된 인간의 상태를 다음과 같이 네 가지로 설명했다.

1) 율법을 알기 전에는 죄에 맞서 싸우지 않는다.
2) 율법 아래 있을 때에는 죄에 맞서 싸우나 죄를 물리치지 못한다.
3) 은혜 아래 있을 때에는 죄에 맞서 싸울 뿐 아니라 죄를 물리치고 승리한다.
4) 천국에서는 죄와 싸우는 일이 더는 없고, 오직 승리의 기쁨만을 누린다.

그리스도인의 상태는 참으로 놀랍기 그지없다. 비그리스도인은 죄의 지배를 받기에 욕망과 정욕에 이끌리며, 유혹에 무기력하다. 그러나 우리는 죄의 지배 아래 있지 않기에 더

---

1) 히포의 아우구스티누스(354-430)는 서구 기독교 신학의 발전을 이끈 탁월한 인물이었다. 그는 우리의 구원과 신앙생활이 하나님의 주권적인 은혜를 통해 이루어진다는 진리를 강력하게 옹호했다.

는 죄 짓기를 좋아하지 않는다. 죄는 우리를 상대로 이따금 승리를 거둘 때도 있지만, 더는 우리의 주인이 될 수 없다.

죄는 우리 안에서 갈수록 힘을 잃고 죽어 간다. 예수님이 십자가에서 죄에게 치명상을 입히셨다. 죄는 그 순간부터 조금씩 죽어 가는 중이다. 하나님은 죄를 점진적으로 죽이기로 작정하셨다. 우리가 날마다 하나님을 의지하는 법을 배워 삶에서 죄를 죽이는 능력을 갖추도록 말이다.

3. 사람들에게 하는 복종으로부터의 자유

성경은 어떤 때는 사람들에게 복종해야 한다고 가르치고, 어떤 때는 그러면 안 된다고 가르치는 듯하다. 우리는 이 점을 어떻게 이해해야 할까?

첫째, 하나님의 법을 어기지 않는 한 국가의 법을 따라야 한다. 이는 다음 성경 구절을 통해 알 수 있다.

"각 사람은 위에 있는 권세들에게 복종하라 권세는 하나님으로부터 나지 않음이 없나니 모든 권세는 다 하나님께서 정하신 바라"(롬 13:1).

"인간의 모든 제도를 주를 위하여 순종하되 혹은 위에 있는 왕이나 혹은 그가 악행하는 자를 징벌하고 선행하는 자를 포상하기 위하여 보낸 총독에게 하라 곧 선행으로 어리석은 사람들의 무식한 말을 막으시는 것이라"(벧전 2:13-15).

둘째, 영적인 일과 관련해서는 오직 하나님만이 우리를 다스리는 권위를 지니신다.

"땅에 있는 자를 아버지라 하지 말라 너희의 아버지는 한 분이시니 곧 하늘에 계신 이시니라 또한 지도자라 칭함을 받지 말라 너희의 지도자는 한 분이시니 곧 그리스도시니라"(마 23:9-10).

"너희는 값으로 사신 것이니 사람들의 종이 되지 말라"(고전 7:23).

영적인 일에 관한 한 우리는 오직 한 주인, 곧 하늘에 계시는 주님께만 순종해야 한다. 다른 누가 우리의 양심을 지배하도록 허락해서는 안 된다. 또한 그 누구에게도 예수 그리스도께 순종하듯 절대적으로 복종해서는 안 된다. 이것이 사람에게 하는 복종에서 자유롭게 되었다는 뜻이다.

4. 죽음으로부터의 자유

그리스도인은 죽음의 저주에서 자유롭게 되었다. 이제 그에게 죽음은 "잠을 자는 것"과 같다. 죽음을 두려워할 필요가 전혀 없다. 그리스도인은 하나님이 정하신 때가 되기 전에는 죽지 않는다. 죽어야 할 때가 되어야만 죽는다.

5. 무덤으로부터의 자유

이 자유는 사실 우리가 천국에서 누릴 자유이다. 우리의 육신은 죽으면 흙으로 돌아간다. 그러나 장차 육신은 다시 생명을 얻고 부활해 질병과 같은 모든 결함에서 완전히 자유롭고 완전하고 영광스런 육체, 곧 영원히 죽지 않는 육체로 변모할 것이다. 부활한 육체는 우리가 전에 가졌던 육체와 똑같지만, 영광스럽게 되어 영혼과 하나로 결합할 것이다. 아무도 이해할 수 없는 신비이지만, 성경이 가르치는 진리이다. "내가 그를 보리니 내 눈으로 그를 보기를 낯선 사람처럼 하지 않을 것이라 내 마음이 초조하구나(갈망하누나)"(욥 19:27).

지금까지 자유의 "소극적인" 측면, 곧 우리가 무엇으로부터 자유롭게 되었는지 알아보았다. 이제는 자유의 "적극적인" 측면, 곧 우리가 어떤 상태로 바뀌었는지에 관해 간략히 알아보자. 다음은 전부가 아닌 일부만 간추린 것이다.

1) 우리는 하나님의 진노 아래에 놓인 상태에서 벗어나 그분의 긍휼과 은혜를 아는 상태로 바뀌었다(엡 2:1-10).
2) 우리는 정죄된 상태에서 벗어나 의롭다 하심을 얻은 상태로 바뀌었다(롬 8:1).
3) 우리는 하나님의 원수였던 상태에서 벗어나 그분의 친구가 되었다(골 1:21, 22).
4) 우리는 죽었던 상태에서 벗어나 생명을 얻었다(엡 2:1-5).
5) 우리는 죄에서 벗어나 하나님을 섬기게 되었다(눅 1:74). 하나님이 우리의 죗값을 치르신 덕분에 우리는 자유롭게 그분을 섬기게 되었다. 만일 하나님을 섬기는 일이

진정한 자유임을 모른다면, 죄가 속박이라는 사실을 옳게 이해하지 못했다는 증거, 곧 아직 진정으로 자유롭게 되지 못했다는 증거이다.

6) 우리는 종의 영으로부터 자유롭게 되어 양자의 영을 받았다. 예수 그리스도께서 우리를 속량하시고 우리를 하나님의 자녀로 만드셨다. 이제 우리는 두려움이 아닌 사랑으로 하나님을 섬긴다. 우리는 새로운 본성과 욕구를 지니게 되었다. 하나님이 우리를 사랑하심으로 구원을 베푸셨듯, 우리도 그분을 사랑하는 마음으로 그분께 순종한다.

7) 우리는 사망과 지옥으로부터 자유롭게 되어 생명과 영광을 얻었다. 천국은 우리의 기업, 곧 우리를 위해 예비된 장소이다. 지금 우리는 그곳에 들어갈 준비를 갖추는 중이다(롬 9:23). 이를 "하나님의 자녀들의 영광의 자유"(롬 8:21)라 부른다. 현재로서는 이 자유의 의미를 온전히 이해할 수 없는데(고전 2:9) 성경은 이 자유를 영광, 기쁨, 주님의 기쁨, 아버지의 집, 영광의 나라, 영원한 생명, 영원한 영광으로 묘사한다. 이것이 "하나님의 자녀들의 영광의 자유"이다.

THE TRUE BOUNDS OF
CHRISTIAN FREEDOM

02

율법으로부터의 자유란 무엇인가?

우리가 율법에 대하여 죽었다는 말씀은 무슨 뜻인가?
율법은 이제 그리스도인의 삶에 영향을 미치지 않는가?
그렇다면 더는 율법을 지키지 않아도 된다는 뜻인가?

율법으로부터의 자유란 무엇인가?

•

율법으로부터의 자유도 예수님이 우리에게 허락하신 자유 가운데 하나이다. "이제는 우리가 얽매였던 것에 대하여 죽었으므로 율법에서 벗어났으니 이러므로 우리가 영의 새로운 것으로 섬길 것이요 율법 조문의 묵은 것으로 아니할지니라"(롬 7:6). "내가 율법으로 말미암아 율법에 대하여 죽었나니 이는 하나님에 대하여 살려 함이라"(갈 2:19).

무거운 짐이었던(행 15:10) 의식법에서 우리는 자유롭게 되었다. 그렇지만 율법으로부터의 자유는 이것이 전부가 아니다. 이 자유에 속하는 몇 가지 의미를 잠시 설명하면 다음과 같다.

1. 언약*의 율법으로부터의 자유

성경은 율법의 목적을 두 가지로 다룬다.

첫 번째는 생명을 얻기 위한 공로나 자격을 획득하고자 지켜야 할 언약이다. 율법이 믿는 자들을 더는 구속하지 못한다는 말씀에서 율법은 이 첫 번째 의미로 이해해야 한다. 우리는 이제 생명을 얻기 위해 율법을 지킬 필요가 없다. 우리는 율법을 지킴으로써 무언가 얻기를 기대하지 않는다. 우리는 생명을 포함한 모든 것을 그리스도 안에서 얻는다.

바울도 이 사실을 깨달았다. 그는 한때 율법을 지켜 생명을 얻기를 바랐지만, 오히려 율법이 자신을 죽음으로 몰아넣음을 깨달았다. 율법을 완전히 지키기란 불가능했기 때문이다. "전에 율법을 깨닫지 못했을 때에는 내가 살았더니 계명이 이르매 죄는 살아나고 나는 죽었도다 생명에 이르게 할 그 계명이 내게 대하여 도리어 사망에 이르게 하는 것이 되었도다"(롬 7:9-10). 그는 후에 이렇게 말했다. "내가 율법으로 말미암아 율법에 대하여 죽었나니 이는 하나님에 대하여

---

* 이번 장에서 언급되는 언약은 행위 언약을 가리킨다. _ 편집자주

살려 함이라"(갈 2:19). 이제 언약의 율법은 그리스도인과는 아무런 상관이 없다. 그들은 율법에 대해 죽었기 때문이다.

두 번째는 그리스도인이 살아가야 할 길을 가르치는 규칙이다. 율법이 그리스도인에게 여전히 중요하다는 말씀에서 율법은 이 두 번째 의미로 이해해야 한다. 율법은 우리에게 살아가는 방식을 보여 준다.

2. 율법의 저주로부터의 자유

율법은 언약의 율법 아래 있는 자들에게 "모든 계명을 항상 완전하게 지키거나, 아니면 율법을 지키지 못한 대가를 치르거나" 둘 중 하나를 택하라고 요구한다. 즉 율법을 완전히 지키든 불순종에 대한 저주를 감당하든 해야 한다. 믿지 않는 자들은 모두 이런 불행한 상황에 처해 있다. "믿지 아니하는 자는 …… 벌써 심판을 받은 것이니라"(요 3:18). "하나님의 진노가 그 위에 머물러 있느니라"(요 3:36).

그러나 그리스도를 믿는 자들은 언약의 율법을 지켜 생명을 얻는 일에서 자유롭게 되었다. 우리는 언약의 율법에서 자유롭게 되었기에 율법의 저주에서 완전히 벗어났다. 이제 율법과, 우리가 율법을 얼마나 잘 지키는지 하는 것은 우리의 영원한 상태에 아무런 영향을 미치지 못한다. 바울은 이렇게 말했다. "그러므로 이제 그리스도 예수 안에 있는 자에게는 결코 정죄함이 없나니"(롬 8:1).

죄인인 우리는 율법을 지킬 수 없다. 따라서 율법은 우리를 구원할 수 없다. 율법은 단지 우리를 정죄할 뿐이다. "무릇 율법 행위에 속한 자들은 저주 아래에 있나니 기록된 바 누구든지 율법 책에 기록된 대로 모든 일을 항상 행하지 아니하는 자는 저주 아래에 있는 자라 하였음이라"(갈 3:10).

예수 그리스도께서 자기 안에 있는 모든 사람을 위해 값을 치르고 자유를 사셨다. 그분은 우리를 대신해 저주를 감당하셔서 우리를 율법의 저주에서 해방하셨다. "그리스도께서 우리를 위하여 저주를 받은 바 되사 율법의 저주에서 우리를 속량하셨으니 기록된 바 나무에 달린 자마다 저주 아래에 있는 자라 하였음이라"(갈 3:13). 율법은 그리스도인을 정죄할 수 없다. 그리스도께서 믿는 자들을 위해 율법을 완전히 지키셨고, 또 이루셨기 때문이다.

그리스도인은 이 특권을 영원히 누린다. 그리스도인은 일시적으로 죄를 짓더라도 율법의 저주를 받지 않는다. 예수 그리스도 안에서 율법으로부터 완전히 자유를 얻었기 때문이다. 골로새서 2장 14절의 증언처럼 하나님은 "우리를 거스르고 불리하게 하는 법조문으로 쓴 증서를 지우시고 제하여 버리사 십자가에 못 박으셨다." 따라서 그리스도인이 다시 율법의 정죄를 받을 가능성은 전혀 없다.

율법이 그리스도인을 정죄할 수 없는 이유는 그들이 그리스도 안에 있고, 그분이 그들을 위해 율법을 완전히 지키셨기 때문이다. 그리스도인은 자기를 심판하는 율법의 권위 아래 있지 않다. 그리스도인은 하나님의 긍휼에 호소한다.

바리새인과 세리의 비유에서 이를 분명히 알 수 있다(눅 18장). 세리는 "하나님이여 불쌍히 여기소서 나는 죄인이로소이다"(눅 18:13)라고 부르짖으며 그분의 긍휼을 구했고, 그로 인해 의롭다 하심을 얻고 집으로 돌아갔다. 그는 정죄를 받지 않았다. 그의 기도가 응답된 이유는 무엇일까? 그가 자신의 부패함을 인정하고 겸손한 태도를 취했기 때문이다. 그는 자신이 하나님 앞에 나갈 자격조차 없음을 알았기에 감히

얼굴을 위로 쳐들지도 못한 채 멀리 서 있었다. 그는 하나님과 올바른 관계를 맺고자 자신이 할 수 있는 일은 아무것도 없음을 알고, 오직 그분의 긍휼만을 간구했다.

사람은 하나님의 긍휼을 구하기 전에 먼저 스스로의 부패함을 의식해야 한다. 하나님의 율법을 지킬 능력이 없음을 알아야만 오직 긍휼만이 유일한 소망임을 깨닫고, 그분의 긍휼을 구할 수 있다. 그러면 하나님은 우리를 율법의 지배 아래에서 건져 정죄를 당하지 않게 하신다. 우리는 이제 예수님 안에서 안전하게 거한다. 율법의 저주에서 자유롭게 되어 그리스도의 약속과 축복을 누리는 일은 참으로 놀라운 변화가 아닐 수 없다. 죄에 대한 하나님의 진노가 우리에게 임하지 않은 것은 그분의 놀라운 긍휼 덕분이다.

3. 율법의 고발로부터의 자유

사탄은 하나님의 백성을 고발하는 일에 매우 적극적이다. 그는 "형제들을 참소하던 자 곧 우리 하나님 앞에서 밤낮 참소하던 자"(계 12:10)이다. 사탄은 대제사장 여호수아에게 했듯이(슥 3:1-4) 항상 우리의 죄를 고발한다. 그는 죄를 짓도록 우리를 유혹할 뿐 아니라 우리가 죄를 지으면 그 즉시 죄인으로 단죄한다.

사탄은 욥에게 했던 대로 하나님 앞에서 우리를 고발한다. 그는 우리의 동기를 비난한다. 그는 욥이 물질적인 복을 얻을 목적으로 하나님을 섬긴다고 비난했다. 때로 사탄은 아담과 하와에게 했던 대로 하나님을 비난한다. 그는 하나님이 아담과 하와가 그분처럼 지혜롭게 되기를 원하지 않으신다고 힐난했다(창 3:5). 또한 사탄은 하나님이 얼마든지 용서하실 터이니 마음껏 죄를 지으라고 한껏 부추긴다. 우리가 그래서 죄를 지으면 용서받을 소망이 없다고 말해 두려움을 안긴다.

그러나 사탄이 어떤 비난을 제기하든, 그는 우리를 정죄할 권한이 없다. 대제사장 여호수아의 경우를 통해 이를 확인할 수 있다(슥 3장). 사탄의 비난처럼 여호수아가 더러운 옷을 입은 것은 사실이지만, 하나님은 사탄의 비난을 인정하지 않으셨다. "사탄아 여호와께서 너를 책망하노라 …… 이는 불에서 꺼낸 그슬린 나무가 아니냐 하실 때에"(슥 3:2).

사탄은 물론 악인들도 하나님의 백성을 비난한다. 그들은 때로 우리가 죄를 지었다고 힐난한다. 그들은 하나님이 이미 용서하신 죄를 거듭 거론하며 그들의 사랑 없음을 적나라하게 드러낸다. 또한 그들은 보디발의 아내가 요셉에게 했듯 우리가 짓지 않은 죄를 뒤집어씌운다(창 39:17). 그러나 악인들도 우리를 정죄할 수 없다.

우리의 양심도 우리를 고소할 수 있다. 양심이 우리가 지은 죄를 고소할 때는 그 말에 귀를 기울여야 한다. 이런 경우를 성경에서 많이 볼 수 있다. 인구 조사를 실시한 다윗, 요셉을 노예로 팔았던 형제들이 그렇다. 만일 양심의 비난이 하나님의 말씀에 부합한다면 우리가 죄를 지은 것이 확실하다. 그러나 양심이 성경에서 죄로 간주하지 않는 것을 단죄한다면 그 말에 귀를 기울여서는 안 된다. 우리의 양심은 완전하지 않다.

아울러 우리의 양심은 우리가 이미 하나님께 고백한 과거의 죄를 상기시키기도 한다. 그럴 때도 양심의 말에 귀를 기울여서는 안 된다. 하나님은 과거의 죄로 우리를 정죄하지 않으신다. 따라서 우리도 양심이 우리를 정죄하도록 허용해서는 안 된다.

이처럼 사탄, 악인, 양심 등 우리를 비난하는 고발자가 많다. 마지막으로 살펴볼 고발자가 있는데 바로 율법이다. 우리가 예수님을 믿기 전, 율법은 우리 죄를 고발할 능력이 있었다. 율법은 우리를 고발할 뿐 아니라 정죄했다. 그러나 이제 우리는 그리스도 안에 있다. 그러므로 율법은 우리가 그리스도인이 되기 전에 지은 죄를 고발할 수 없다. 우리가 이미 용서를 받았기 때문이다.

또한 율법은 우리가 그리스도인이 된 이후에 지은 죄도 고발할 수 없다. 우리가 더는 "율법 아래에" 있지 않기 때문이다. 사도 바울은 로마서 8장 33절에서 "누가 능히 하나님께서 택하신 자들을 고발하리요"라고 말했다. 이 말은 "누가 하나님의 백성을 법정에 소환하겠느냐?"라는 의미이다. 우리는 이제 율법의 법정에서 재판을 받지 않는다. 우리는 복음의 법정에서 재판을 받고, 죄를 진정으로 뉘우쳐 신속히 회개한다.

율법은 그리스도인에게 죄인이라는 사실을 상기시킬 수 있지만, 그 죄를 근거로 정죄할 수는 없다. 그러나 율법은 죄를 상기시켜 그를 더욱 겸손하게 하고 거룩해지도록 돕는다. 믿지 않는 자들은 모두 율법에 의해 고발과 단죄를 당하지만, 믿는 자들은 율법의 도움으로 성화를 이룬다.

그리스도인이 율법 아래에 있지 않은데 어떻게 율법이 그리스도인의 삶에 영향을 미칠 수 있는지 궁금할 수 있다. 간단하게 설명하면 이렇다. 그리스도인은 율법의 저주 아래에 있지 않지만, 그 명령을 지켜야 한다. 율법은 그리스도인에게 어떻게 살아야 하는지 가르칠 뿐, 그들을 심판하지 않는다. 율법은 우리의 조력자이다. 무엇이 죄인지 깨우쳐 회개하도록 우리를 이끌고 또 성화를 이루도록 돕는다.

율법은 그리스도인의 삶에 여전히 영향을 미친다. 율법은 우리가 예수님 안에서 의롭다 하심을 얻은 후 어떻게 하나님을 기쁘시게 할 수 있는지 가르쳐 준다. 우리는 노예가 아닌 자녀로서 하나님의 율법을 지킨다. 이 두 상태는 서로 큰 차이가 있는데, 나중에 좀 더 자세히 설명할 생각이다.

4. 율법의 불가능한 요구로부터의 자유

이 말이 율법의 요구가 바뀌었다는 뜻은 아니다. 그렇다면 과연 무슨 의미일까?

첫째, 율법은 우리가 하기 어려운 일, 곧 불가능한 일을 명령하고 아무런 도움을 제공하지 않았다. 율법은 마치 이스라엘 백성에게 벽돌을 만들라 명령하고서 그것을 만들 짚조차 주지 않은 바로(출 5:10-11)나, 사람에게 무거운 짐을 지우고서 그를 조금도 돕지 않은 바리새인과 같았다(마 23:4).

그러나 우리는 이제 복음 안에서 그 모든 불가능한 일로부터 자유롭게 되었다. 지금은 하나님이 우리를 위해, 우리 안에서 일하시므로 모든 것이 가능하다. 크리소스토무스[2]는 하나님이 자신에게 요구하신 일을 또한 자신에게 허락하셨다는 사실로 인해 그분을 높이 찬양했다.

복음이 명령하는 것은 사실 율법의 요구보다 더 거창하다. 복음은 곧 우리에게 믿으라고 요구한다. 이는 율법의 모든 행위보다 더 위대한 행위가 아닐 수 없다. 그러나 하나님이

---

2) 크리소스토무스(347-407)는 콘스탄티노플의 주교이자 영향력 있는 신학자요 성경 교사였다.

우리에게 믿을 힘을 허락하신다. 예수님이 우리에게 힘을 주신다.

"나를 떠나서는 너희가 아무 것도 할 수 없음이라"(요 15:5)는 말씀도 사실이고, "내게 능력 주시는 자 안에서 내가 모든 것을 할 수 있느니라"(빌 4:13)는 말씀도 사실이다. 그리스도인은 연약하지만, 강하신 그리스도께서 함께하시기에 무엇이든 할 수 있다. 그리스도와 성령의 능력이 함께하는 사람에게는 너무 어려워 할 수 없는 일이 전혀 없다.

복음 그 자체에 우리가 하도록 명령받은 일을 우리가 하게 하는 능력이 있다. 바울은 로마서 6장 12절에서 "너희는 죄가 너희 죽을 몸을 지배하지 못하게 하여"라고 명령한 후, 곧바로 14절에서 "죄가 너희를 주장하지 못하리니 이는 너희가 법 아래에 있지 아니하고 은혜 아래에 있음이라"고 말했다. 이 말씀은 "너희는 이제 은혜 아래 있으므로 죄를 죽일 힘을 가지고 있다."라는 뜻이다.

둘째, 율법은 각 사람이 제각기 율법을 지켜야 한다고 명령했다. 그 일은 다른 사람이 대신 할 수 없었다. 그러나 우리는 이제 그 요구로부터 자유롭게 되었다. 우리를 대신하신 예수님의 사역을 하나님이 인정하셨다.

우리는 하나님께 두 가지 빚이 있었다. 하나는 우리의 죗값을 치르는 것이고, 다른 하나는 그분께 완전히 순종하는 것이다. 그런데 예수님이 우리를 위해 이 두 가지를 모두 감당하셨다. 그분은 우리의 죗값을 치르셨고, 우리를 위해 율법을 완전히 지키셨다. 덕분에 우리는 "그 안에서 충만하여졌다"(골 2:10).

셋째, 율법은 모든 조항을 항상 단 한 번의 실패도 없이 완벽하게 지켜야 한다고 요구했다. 그렇게 하지 못하면 정죄를 받았다. "무릇 율법 행위에 속한 자들은 저주 아래에 있나니 기록된 바 누구든지 율법 책에 기록된 대로 모든 일을 항상 행하지 아니하는 자는 저주 아래에 있는 자라 하였음이라"(갈 3:10). 율법을 지키려고 아무리 열심히 노력하고, 아무리 간절히 율법을 지키고 싶어 하더라도 결과는 마찬가지였다. 가장 작은 실패가 곧 완전한 실패로 간주되었다. 실패를 되돌릴 방법은 없었다. 심지어 회개하고 기도하고 앞으로 더 열심히 노력한다 해도 전혀 소용이 없었다. 하나만 실패해도 모든 것을 잃었다.

　복음은 회개를 인정하지만 율법은 그렇지 않다. 율법은 항상 완전한 순종을 요구한다. 하나님은 그리스도인을 그런 상황에서 자유롭게 하셨다. 하나님은 완전한 순종 대신, 순종할 마음만 있으면 때로 실패를 거듭하더라도 기꺼이 받아 주신다. 우리는 율법을 지키지 못할 수 있다. 그러나 하나님은 우리의 마음을 보시고, 비록 실패하더라도 율법을 열심히 지키려 노력하는 모습을 기쁘게 여기신다. 하나님은 복음 안에서 완벽한 행위를 요구하는 대신 우리의 진지한 노력을 받아 주신다.

　아담이 하나님께 순종하지 않은 이유는 그렇게 하고픈 마음이 없었기 때문이다. 그러나 그리스도인은 다르다. 우리는 하나님께 순종하기 원한다. 하지만 우리에게는 순종할 힘이 없다. 우리의 의지는 완전하지 않다. 항상 옳은 일을 행하려는 의지를 갖기란 불가능하다. 우리가 하나님께 순종하지 못하는 이유는 그렇게 하고픈 마음이 없어서가 아니라 의지가 박약하기 때문이다.

바울은 로마서 7장 18절에서 "원함은 내게 있으나 선을 행하는 것은 없노라"라는 말로 이 사실을 솔직히 고백했다. 하나님은 그런 사람, 곧 마음은 있지만 율법을 지킬 수 없는 사람에게 자비로우시다. 그러나 율법을 지키려는 마음이 없는 사람에게는 자비롭지 않으시다. 하나님은 연약한 것과 악한 것을 분명하게 구별하신다.

하나님은 복음 안에서 그리스도인의 연약함을 보신다. 그분은 우리의 연약함을 보시고, 우리를 불쌍히 여기신다. 율법 아래에 있는 사람이 죄를 지으면 하나님은 그를 미워하시지만, 복음 안에 있는 사람이 죄를 지으면 그분은 그를 긍휼히 여기신다.

넷째, 율법은 이를 지키지 못한 자에게 끔찍한 형벌을 선고했다. 다시 말해 율법은 형벌의 두려움을 이용해 복종을 유도했다. 그러나 복음은 완전히 다르다. 복음은 사랑과 긍휼의 메시지로 우리의 관심을 사로잡아 두려움이 아닌 사랑으로 순종하게끔 이끈다. "그러므로 형제들아 내가 하나님의 모든 자비하심으로 너희를 권하노니 너희 몸을 하나님이 기뻐하시는 거룩한 산 제물로 드리라"(롬 12:1). "그리스도의 사랑이 우리를 강권하시는도다"(고후 5:14).

우리는 복음 안에서 "무서워하는 종의 영"이 아닌 "능력과 사랑"의 영을 받았다(롬 8:15, 딤후 1:7). 사랑보다 더 강력한 것은 없다. 사랑하는 사람을 위해서라면 보통 때는 불가능한 일도 가능할 때가 많다. 이 사실을 생각하면 "내 멍에는 쉽고 내 짐은 가벼움이라"(마 11:30)고 하신 예수님의 말씀을 이해하는 데 도움이 된다.

사랑은 어려움도 능히 극복한다. 야곱은 라헬과 결혼하려고 라반을 위해 칠 년 동안 일했지만, "그를 사랑하는 까닭에 칠 년을 며칠 같이 여겼다"(창 29:20). 하나님은 자기 자녀에게 사랑의 영을 주신다. 그 사랑이 하나님을 섬기려는 동기를 부여한다. 사랑의 영이 주어진 까닭에, 무거운 짐처럼 여겨졌을 일이 즐겁고 기쁘게 행할 수 있는 일로 바뀐다.

그리스도인은 참으로 놀라운 특권을 누린다. 하나님은 율법의 불가능한 요구로부터 우리를 자유롭게 하셨다.

THE TRUE BOUNDS OF
CHRISTIAN FREEDOM

03

율법에서 자유한데
율법을
지켜야 하는가?

성경이 말하는 율법이란 무엇인가?
율법의 역할은 구약 시대에서 끝이 났는가?
우리는 예수님이 주신 새 계명만 지키면 되는가?

율법에서 자유한데
율법을
지켜야 하는가?

•

이번 장에서는 "예수님이 우리를 자유롭게 하셨는데 여전히 하나님의 율법에 순종해야 하는가?"라는 질문에 대해 알아보자. 우선 하나님의 율법이 무엇인지부터 분명히 밝힐 필요가 있다. 하나님의 율법은 크게 세 종류, 곧 의식법, 시민법, 도덕법으로 나뉜다. 이 세 가지 율법의 차이는 잠시 후 설명할 생각이다.

성경에서 "율법"이라는 용어를 발견했을 때는 무슨 의미로 사용되었는지를 파악해야 한다. 율법은 다양한 의미로 사용되는데, 중요한 것을 몇 가지 간추리면 다음과 같다.

1) 구약 성경을 가리킬 수 있다. 예를 들어 요한복음 12장 34절을 보면, 사람들이 "우리는 율법에서 그리스도가 영원히 계신다 함을 들었거늘"이라고 말한다. 예수님도 요한복음 15장 25절에서 시편 35편을 인용하시며 "그러나 이는 그들의 율법에 기록된 바 그들이 이유 없이 나를 미워하였다 한 말을 응하게 하려 함이라"고 말씀하셨다.

2) 성경의 처음 다섯 권을 가리킬 수 있다. 예를 들어 빌립은 나다나엘에게 "모세가 율법에 기록하였고 여러 선지자가 기록한 그이를 우리가 만났으니"(요 1:45)라고 말했다. 예수님도 누가복음 24장 44절에서 이와 똑같은 의미로 "모세의 율법과 선지자의 글과 시편에 나를 가리켜 기록된 모든 것이 이루어져야 하리라"고 말씀하셨다.

3) 십계명과 같은 하나님의 도덕법을 가리킬 수 있다. 로마서 7장 7, 14, 21절을 참조하라.

4) 의식법을 가리킬 수 있다. 예수님은 누가복음 16장 16절에서 "율법과 선지자는 요한의 때까지요"라고 말씀하셨다.

5) 하나님의 율법 전체, 곧 의식법, 시민법, 도덕법을 모두 가리킬 수 있다. 요한복음 1장 17절은 "율법은 모세로 말

미암아 주어진 것이요 은혜와 진리는 예수 그리스도로 말미암아 온 것이라"고 말씀한다. 은혜가 도덕법을 대체하고, 진리가 의식법을 대체했다.

의식법은 이스라엘 민족에게 구세주가 필요함을 알리고자 주신 것이다. 그분이 이 땅에 다녀가신 지금에는 더는 필요하지 않다.

시민법은 세 가지 목적을 지닌다. 첫째는 이스라엘 백성에게 스스로를 통치하는 법을 보여 주려는 목적, 둘째는 주변 국가들과 그들을 구별하려는 목적, 셋째는 미래에 있을 그리스도의 통치를 나타내려는 목적이다.

마지막으로 하나님의 도덕법이다. 이는 십계명으로 주어졌는데, 성경의 다른 부분에서 그 계명들을 보다 상세히 설명했다. 그리스도인은 율법으로부터 자유롭게 되었기에 그런 율법을 지킬 필요가 없다고 주장하는 사람들이 있다. 그리스도인이 하나님의 도덕법에서 자유롭게 되었다고 말하는 듯 보이는 성경 구절은 다음과 같다.

로마서 7장 1-2, 6-7절. "형제들아 내가 법 아는 자들에게 말하노니 너희는 그 법이 사람이 살 동안만 그를 주관하는 줄 알지 못하느냐 남편 있는 여인이 그 남편 생전에는 법으로 그에게 매인 바 되나 만일 그 남편이 죽으면 남편의 법에서 벗어나느니라." 여기에서 좀 더 읽어 내려가면 바울이 7절에서 하나님의 도덕법을 언급하기 전에 6절에서 믿는 자들이 율법에서 자유롭게 되었다고 말하는 부분이 나온다. 그는 "이제는 우리가 …… 율법에서 벗어났으니 …… 율법이 탐내지 말라 하지 아니하였더라면 내가 탐심을 알지 못하였으리라"고 말했다.

로마서 6장 14절. "죄가 너희를 주장하지 못하리니 이는 너희가 법 아래에 있지 아니하고 은혜 아래에 있음이라."

갈라디아서 4장 4-5절. "때가 차매 하나님이 그 아들을 보내사 여자에게서 나게 하시고 율법 아래에 나게 하신 것은 율법 아래에 있는 자들을 속량하시고 우리로 아들의 명분을 얻게 하려 하심이라."

로마서 8장 2절. "이는 그리스도 예수 안에 있는 생명의 성령의 법이 죄와 사망의 법에서 너를 해방하였음이라."

갈라디아서 5장 18절. "너희가 만일 성령의 인도하시는 바가 되면 율법 아래에 있지 아니하리라."

로마서 10장 4절. "그리스도는 모든 믿는 자에게 의를 이루기 위하여 율법의 마침이 되시니라."

디모데전서 1장 8-9절. "율법은 사람이 그것을 적법하게만 쓰면 선한 것임을 우리는 아노라 …… 율법은 옳은 사람을 위하여 세운 것이 아니요 오직 불법한 자와 복종하지 아니하는 자와 경건하지 아니한 자와 죄인과 거룩하지 아니한 자와 망령된 자와……"

이 말씀들은 율법이 더는 믿는 자들에게 영향을 미치지 못한다는 주장, 다시 말해 그리스도인은 율법에 대해 죽었고, 율법에서 완전히 자유롭게 되었으며, 더는 율법 아래에 있지 않다는 주장을 뒷받침하는 강력한 증거인 듯 보인다. 이 구절들이 무엇을 의미하는지는 나중에 설명하겠다. 지금은 잠시 인용했을 뿐이다.

이와 대조적으로 어떤 사람들은 그리스도인이 하나님의 도덕법을 지켜야 한다고 주장한다. 이 주장을 뒷받침하는 듯 보이는 성경 구절은 다음과 같다.

로마서 3장 31절. "그런즉 우리가 믿음으로 말미암아 율법을 파기하느냐 그럴 수 없느니라 도리어 율법을 굳게 세우느니라."

마태복음 5장 17-18절. "내가 율법이나 선지자를 폐하러 온 줄로 생각하지 말라 폐하러 온 것이 아니요 완전하게 하려 함이라 진실로 너희에게 이르노니 천지가 없어지기 전에는 율법의 일점 일획도 결코 없어지지 아니하고 다 이루리라."

어느 쪽이 맞는가? 성경은 항상 진리를 가르치기에 우리는 주의 깊게 이 문제를 생각해야 한다. 율법의 저주와 형벌에서 우리가 자유롭게 되었다는 사실에는 모두가 동의한다. 그러나 "그리스도인도 도덕법을 지켜야 하는가?"라는 문제에는 올바로 해결해야 할 부분이 있다. 어떤 그리스도인은 예수님이 오신 후부터는 도덕법을 지킬 필요가 없다고 말한다. 나는 그런 주장에 동의할 수 없다. 다음 장에서 이유를 자세히 설명할 생각이다.

그리스도인들의 견해는 두 가지로 엇갈린다. 하나는 구약성경의 도덕법에 순종해야 한다는 견해이고, 다른 하나는 "새 계명을 너희에게 주노니 서로 사랑하라 내가 너희를 사랑한 것 같이 너희도 서로 사랑하라"(요 13:34)와 같은 예수님의 명령에 순종해야 한다는 견해이다.

십계명을 삶의 길잡이로 택하든 예수님의 명령을 따르든 사실 그 가르침은 똑같다. 그럴 수밖에 없다. 하나님의 도덕적인 기준은 변할 수 없기 때문이다. 선과 악이 변하지 않듯 선과 악을 가르치는 하나님의 율법도 변하지 않는다.

도덕법은 하나님을 기쁘시게 하는 것, 곧 하나님 사랑과 이웃 사랑을 가르친다. 하나님이 변하지 않으시듯 그분을 기쁘시게 하는 법도 변하지 않는다. 율법이 하나님의 뜻을 깨우쳐 준다는 사실을 알면 순종하고픈 마음이 생길 수밖에 없다. 물론 우리는 율법을 지킴으로써 생명을 얻거나 복을 받기를 기대하지 않는다. 또 율법을 지키지 못하면 징벌을 받게 될까 두려워하지도 않는다.

율법은 그리스도인을 의롭다 선언하거나 정죄할 권한이 없다. 율법의 목적은 우리의 삶을 인도하는 것, 다시 말해 어떻게 살아야 하는지 깨우치는 데 있다. 우리는 이제 율법의 저주 아래 있지 않지만, 그 명령에 순종해야 한다. 하나님을 향한 순종에서 자유롭게 되었다고 말한다면 우리가 아직 죄의 종이라는 증거이다.

나는 하나님의 도덕법에 순종할 필요가 없다고 생각하는 그리스도인에게 다음 두 가지를 강조하고 싶다.

1) 도덕법은 지금도 그리스도인을 위한 삶의 규칙이다.
2) 하나님의 율법은 하나님의 은혜와 모순되지 않는다.

다음 두 장에 걸쳐 이 점을 좀 더 자세히 살펴보겠다.

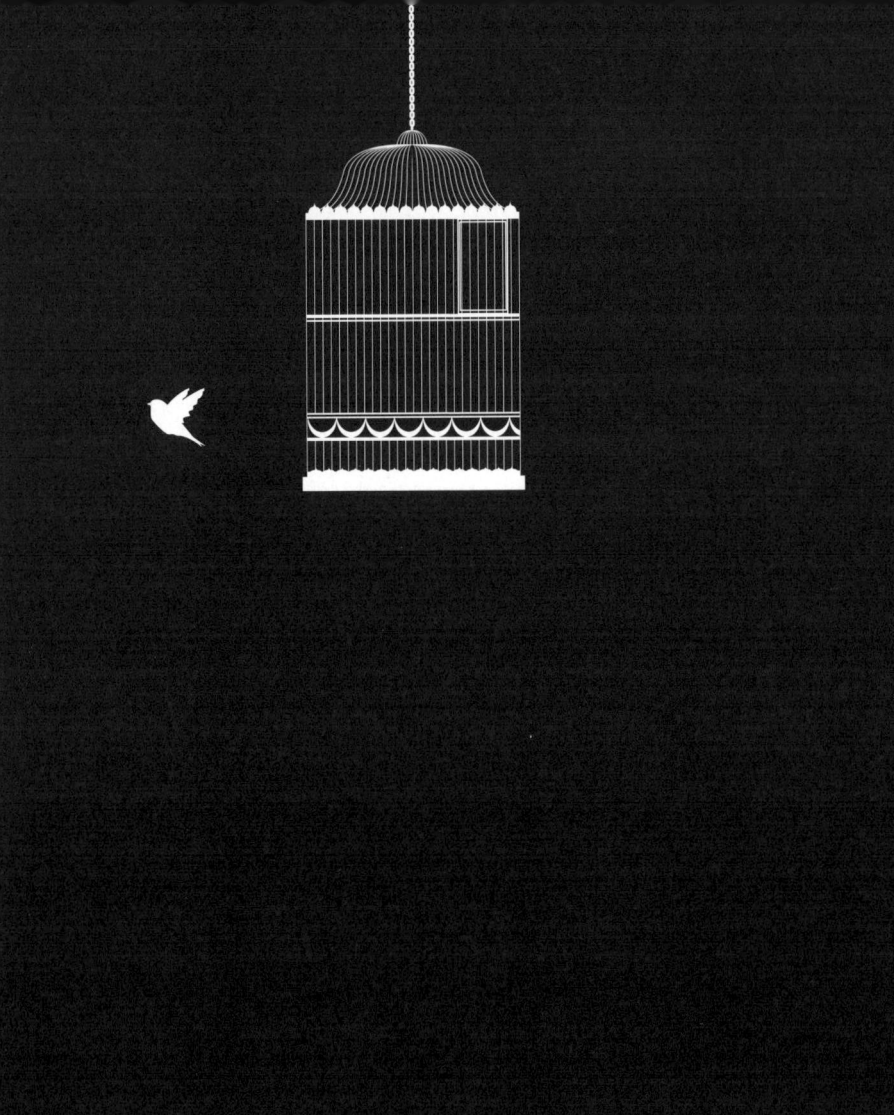

THE TRUE BOUNDS OF
CHRISTIAN FREEDOM

04

—

왜
하나님의 도덕법에
순종해야 하는가?

예수님은 율법에 대해 어떻게 말씀하셨나?
우리가 여전히 율법에 순종해야 한다면
예수님의 십자가 희생이 무의미해지는 것 아닌가?

왜
하나님의 도덕법에
순종해야 하는가?

●

예수님께서 순종해야 한다고 말씀하셨다

이는 교회가 역사적으로 이 문제를 이해해 온 방식이며, 더 중요하게는 신약 성경이 가르치는 진리이다. 예를 들어 예수님은 마태복음 5장 17-18절에서 "내가 율법이나 선지자를 폐하러 온 줄로 생각하지 말라 폐하러 온 것이 아니요 완전하게 하려 함이라 진실로 너희에게 이르노니 천지가 없어지기 전에는 율법의 일점 일획도 결코 없어지지 아니하고 다 이루리라"고 말씀하셨다.

예수님은 율법이 유효하다고 분명하게 가르치셨다. 그분은 "누구든지 이 계명 중의 지극히 작은 것 하나라도 버리고 또 그같이 사람을 가르치는 자는 천국에서 지극히 작다 일컬음을 받을 것이요 누구든지 이를 행하며 가르치는 자는 천국에서 크다 일컬음을 받으리라"고 말씀하셨다.

이 말씀은 우리가 율법을 지켜야 한다고 분명히 가르치는 듯하다. 그러나 모든 그리스도인이 여기에 동의하지는 않는다. 어떤 사람들은 예수님이 율법을 성취하셨으므로 우리는 그것을 지킬 필요가 없다고 주장한다. 그들은 "그리스도는 모든 믿는 자에게 의를 이루기 위하여 율법의 마침이 되시니라"(롬 10:4)는 말씀을 근거로 내세운다.

우리는 이 말씀을 바르게 이해해야 한다. 바울은 그리스도께서 율법을 폐지하셨다거나 없애셨다는 의미로 율법의 마침이 되셨다고 말하지 않았다. 예수님이 율법의 마침이 되셨다는 말은 그분이 율법을 완전히, 완벽하게 지키셨다는 의미이다.

예수님은 마태복음 5장에서 바리새인보다도 더 강한 표현을 사용해 율법을 크게 강조하셨다. 예수님도 사도들도 율법이 더는 유효하지 않다고 말하지 않았다. 오히려 여러 말씀에서 하나님의 율법을 삶의 규칙으로 제시했다.

사도들이 순종해야 한다고 말했다

예를 들면 다음과 같다.

사도 바울은 "우리가 …… 도리어 율법을 굳게 세우느니라"(롬 3:31), "율법은 거룩하고 계명도 거룩하고 의로우며 선하도다"(롬 7:12), "내 자신이 마음으로는 하나님의 법을 …… 섬기노라"(롬 7:25)고 말했다.

야고보는 "너희가 만일 성경에 기록된 대로 네 이웃 사랑하기를 네 몸과 같이 하라 하신 최고의 법을 지키면 잘하는 것이거니와"(약 2:8)라고 말했다.

사도 요한은 "그를 아노라 하고 그의 계명을 지키지 아니하는 자는 거짓말하는 자요 진리가 그 속에 있지 아니하되"(요일 2:4), "죄를 짓는 자마다 불법을 행하나니 죄는 불법이라"(요일 3:4)고 말했다.

이제는 율법에 순종할 필요가 없다고 주장하는 그리스도인들은 그 근거를 성경에서 찾아 제시해야 한다. 도대체 율법이 더는 삶의 규칙이 아니라고 가르치는 구절이 성경 어디에 있단 말인가? 율법이 그리스도인에게 더는 적용되지 않는다는 증거를 신약 성경에서 찾아내기란 불가능하다. 예수님과 사도들은 율법의 명령과 동일한 명령을 했으며, 율법이 허용하지 않는 것을 허용하지도 않았다.

사도들은 그리스도인에게 율법이 명령하는 일을 행하라고 말했다. 예를 들어 바울은 로마서 12장 19절에서 "내 사랑하는 자들아 너희가 친히 원수를 갚지 말고 하나님의 진노하심에 맡기라 기록되었으되 원수 갚는 것이 내게 있으니 내가 갚으리라고 주께서 말씀하시니라"고 말했다. 여기에서 그는 구약 성경 신명기 32장 35절을 인용했다.

그는 로마서 13장 8-10절에서도 똑같이 구약의 율법을 인용하면서 "피차 사랑의 빚 외에는 아무에게든지 아무 빚도 지지 말라 남을 사랑하는 자는 율법을 다 이루었느니라 간음하지 말라, 살인하지 말라, 도둑질하지 말라, 탐내지 말라 한 것과 그 외에 다른 계명이 있을지라도 네 이웃을 네 자신과 같이 사랑하라 하신 그 말씀 가운데 다 들었느니라 사랑은 이웃에게 악을 행하지 아니하나니 그러므로 사랑은 율법의 완성이니라"고 말했다.

에베소서 6장 1-3절도 그렇다. 바울은 "자녀들아 주 안에서 너희 부모에게 순종하라 이것이 옳으니라 네 아버지와 어머니를 공경하라 이것은 약속이 있는 첫 계명이니 이로써 네가 잘되고 땅에서 장수하리라"고 말했다.

다른 반론들에 대한 대답

어떤 사람들은 이렇게 말한다. "좋다. 율법은 우리가 어떻게 살아야 할지 보여 준다. 그러나 우리는 자유롭기 때문에 율법에 순종할지 말지 선택할 수 있다." 나는 이렇게 묻고 싶다. "만일 우리가 순종의 여부를 선택할 수 있다면 어떻게 율법이 율법이 되겠는가?"

구원을 얻고자 율법을 지킬 필요는 없다. 그렇지만 율법은 하나님을 기쁘시게 하는 법을 가르쳐 준다. "이와 같이 너희도 명령 받은 것을 다 행한 후에 이르기를 우리는 무익한 종이라 우리가 하여야 할 일을 한 것뿐이라 할지니라"(눅 17:10)는 예수님의 말씀대로, 하나님의 율법을 지키는 것은 우리의 의무이다.

하나님의 율법을 지키면 깨끗한 양심을 지닐 수 있다. 그러나 율법을 어기면 양심의 가책을 느끼게 된다. "죄를 짓는 자마다 불법을 행하나니 죄는 불법이라"(요일 3:4). 율법을 어기는 것은 죄인데 어떻게 그리스도인이 율법을 지키지 않아도 된다 말할 수 있는가?

어떤 사람들은 좀 더 심각한 오류를 저지른다. 그들은 그리스도인은 죄를 지을 수 없으므로 율법이 필요하지 않다고 주장한다. 그들의 주장은 성경의 가르침과 정면으로 충돌한다. 성경은 "만일 우리가 죄가 없다고 말하면 스스로 속이고 또 진리가 우리 속에 있지 아니할 것이요 …… 만일 우리가 범죄하지 아니하였다 하면 하나님을 거짓말하는 이로 만드는 것이니 또한 그의 말씀이 우리 속에 있지 아니하니라"(요일 1:8, 10)고 말씀한다.

그러나 그들은 "하나님은 그리스도인의 죄를 보지 않으신다. 하나님은 예수님 안에서 우리를 받으셨으므로 우리가 어떻게 하든 상관없이 우리를 기뻐하신다."라고 말한다.

나는 그 말에 이렇게 답하고 싶다.

1) 완전히 선하신 하나님은 항상 악을 미워하신다. 하나님은 누가 죄를 짓든 상관없이 항상 죄를 증오하신다. 그분은 자신에게 악이 더 가까이 다가올수록 더욱 그것을 증오

하신다. 하나님은 비록 그리스도인인 우리를 용서하셨을지라도 우리의 죄를 기뻐하지 않으신다.

2) 하나님은 자신의 기준을 바꾸지 않으셨다. 하나님의 도덕법은 항상 동일하다. 율법을 어기는 것은 여전히 죄이며, 그리스도인이 죄를 짓는 것은 옳지 않다.

3) 하나님의 율법은 거룩함이 무엇인지 우리에게 일깨워 준다. 하나님은 자신의 자녀들이 그분처럼 거룩해지기를 원하신다. 우리는 비록 부족할지라도 그분을 닮아가도록 노력해야 한다.

4) 그리스도 안에서 자유롭다는 말은 율법을 지키지 않아도 된다는 말이 아니다. 율법은 거룩하고 옳고 선한 것이다. 거룩한 것으로부터 자유롭다면 어떻게 진정한 자유일 수 있겠는가? 누가복음 1장 74-75절은 "우리가 원수의 손에서 건지심을 받고 종신토록 주의 앞에서 성결과 의로 두려움이 없이 섬기게" 하려고 예수님이 오셨다고 말한다. 이 말씀을 따른다면 그리스도인의 자유에는 율법에 대한 순종이 포함된다.

순종은 중요하다

 개혁신앙은 그리스도인이 자기 마음대로 살 수 있다고 믿거나 가르치지 않는다. 그리스도인은 하나님의 율법에 순종해야 한다고 가르친다. 물론 순종의 목적은 구원을 얻기 위해서가 아니다. 로마 가톨릭교회는 의롭다 하심을 얻으려면 순종해야 한다고 가르치지만, 개혁신앙을 따르는 교회는 하나님의 율법에 순종하기 전에 먼저 의롭다 하심을 얻어야 한다고 가르친다. 우리는 순종이 칭의의 열매라고 믿는다.

 하나님의 율법에 순종하지 않거나, 순종을 하나님의 인정을 받는 공로로 생각한다면 그리스도를 안다고 할 수 없다. 사실 하나님의 율법에 순종하다 보면, 순종으로 그분의 인정을 받으려 하기 쉽다. 우리는 모두 자신의 노력으로 천국에 가려고 힘쓰면서 자기 의를 세우려고 애쓰는 덫에 매우 쉽게 걸린다.

 세상에는 예수님보다 자신의 선행을 의지하는 사람이 너무나도 많다. 스스로의 노력으로 구원을 획득하려 하지 말고, 예수님을 믿어야 한다. 그리스도인도 종종 그런 잘못을 저지른다. 우리의 신앙생활이 좋다가 나빠지기를 반복하는 이유도 이것이다. 우리는 스스로의 행위를 너무 많이 의지하는 탓에 실패를 경험하면 쉽게 좌절한다. 우리는 실패할 때 예수님이 우리를 위해 행하신 사역을 기억해야 한다. 성공할 때는 은혜로 알고 예수님을 더욱 의지해야 한다.

율법폐기론자는 율법이 그리스도인의 성화[3]에 아무런 영향을 미치지 못한다고 주장한다. 우리는 그리스도인이 율법의 인도와 명령이 아닌 율법의 저주에서 자유롭게 되었다고 믿는다. 율법은 죄인에게 구원을 얻으려면 복음이 필요하다는 사실을 깨우쳐 준다. 복음은 용서받은 죄인이 어떻게 살아야 하는지 율법을 보며 배우라고 명령한다. 우리가 순종하는 이유는 값없이 용서를 베푸신 하나님께 감사하기 위해서이다.

성경은 우리가 구원을 얻었기에 하나님을 섬길 수 있다고 가르친다. 바울은 로마서 앞부분에서 우리가 하나님의 은혜로 값없이 의롭다 하심을 얻었다고 말하고는 "그러므로 형제

---

[3] 성화는 간단히 말해 그리스도의 형상을 닮는 것이다. 신약 성경은 성화란 성령으로 거듭날 때부터 시작되어 세상에서의 삶이 끝날 때까지 계속되는 과정이라고 가르친다. 우리는 그 과정을 거치는 동안 우리 안에서 일어나는 하나님의 사역과 협력한다.

들아 우리가 빚진 자로되"(롬 8:12)라고 말했다. 그리스도께서 우리의 죗값을 치르셨다. 이제 우리는 그분께 섬김의 빚을 졌다. 그리스도는 우리를 노예 상태에서 구원해 그분을 섬기는 자유를 허락하셨다.

구원을 얻기 전에 우리는 두려움이나 죄책감에 이끌려 우리 힘으로 율법을 지켜 구원의 공로를 세우려고 애썼다. 이제 우리는 하나님의 자녀로서 새로운 방식으로 순종한다. 우리는 하나님을 사랑하는 마음에 이끌려 기쁨으로 순종한다. 사랑은 어려움을 극복하고, 불가능한 일을 쉽게 만든다.

이제 예수님과 교제를 나누는 우리는 그분의 능력으로 순종한다. 예수님 없이는 무엇도 할 수 없지만, 그분이 함께하시면 모든 것을 할 수 있다. 예수님이 그렇게 약속하셨다. 우리가 순종하는 목적이 달라졌다. 우리는 이제 스스로를 섬기지 않는다. 공로를 세워 구원을 얻으려고 애쓰지 않는다. 우리는 이미 구원을 얻었다. 우리가 하나님께 순종하는 목적은 그분을 영화롭게 하고, 그분께 감사의 마음을 나타내며, 사람들에게 복음이 얼마나 영광스러운지 보여 주기 위함이다.

이번 장을 마무리하기 전에 하나만 더 말하자면, 율법을 바르게 사용하도록 주의하라. 순종과 선행을 올바른 관점에서 바라보면 율법은 거룩하고 옳고 선하다. 그러나 율법을 지켜 영생을 얻는 공로를 세울 수 있다 생각한다면, 예수님의 삶과 죽음이 불필요해진다. 은혜가 먼저이고, 다음이 율법이다. 이 순서를 잊어서는 안 된다. 누가복음 1장 74-75절을 기억하라. 먼저 구원을 받아야 비로소 섬길 수 있다.

우리가 받은 긍휼을 하나님께 순종하는 동기로 삼아야 한다. 하나님의 긍휼을 남용하지 말라. 예수님이 우리 구원에 필요한 모든 것을 이루셨다. 이 진리를 기억하고, 더욱 기꺼운 마음으로 하나님을 섬겨야 한다.

"예수님이 모두 이루셨으니 나는 아무것도 하지 말고 가만히 있으면 돼."라거나 "예수님이 나를 위해 죽으셨으니 열심히 기도할 필요가 없어."라고 생각해서는 안 된다. 오히려 예수님이 우리를 위해 죽으셨다는 사실이, 그분에 대한 사랑과 그분을 위해 살겠다는 의지를 더욱 강하게 독려하는 발판이 되어야 한다. "하나님은 내게 항상 자비로우시니 계속 죄를 지어도 괜찮아."라는 생각은 더더욱 큰 잘못이다. 바울은 로마서 6장 1-2절에서 "그런즉 우리가 무슨 말을 하리요 은혜를 더하게 하려고 죄에 거하겠느냐 그럴 수 없느니라 죄에 대하여 죽은 우리가 어찌 그 가운데 더 살리요"라고 말했다.

하나님의 관대하신 긍휼은 전적인 순종을 요구한다. 하나님이 우리에게 긍휼을 베풀지 않으셨다면 어떻게 되었겠는가? 하나님은 자기 아들을 내주셨고, 그 아들께서는 우리를 위해 자신을 내주셨다. 순종이 없는 믿음은 죽은 믿음이다. 그러므로 우리 모두 하나님께 순종해야 한다.

그리스도인들이 하나님을 섬기지 않는다면, 비그리스도인들이 복음을 어떻게 생각하겠는가? 예수님에 대해 어떤 인상을 받겠는가? 그들이 과연 예수님을 참으로 놀라우신 분이라고 생각하겠는가? 하나님은 참으로 위대하시다고 생각하겠는가? 우리는 온 세상이 복음의 영광스러움을 알게 되기를 바란다. 하나님께 순종하며 살아가자.

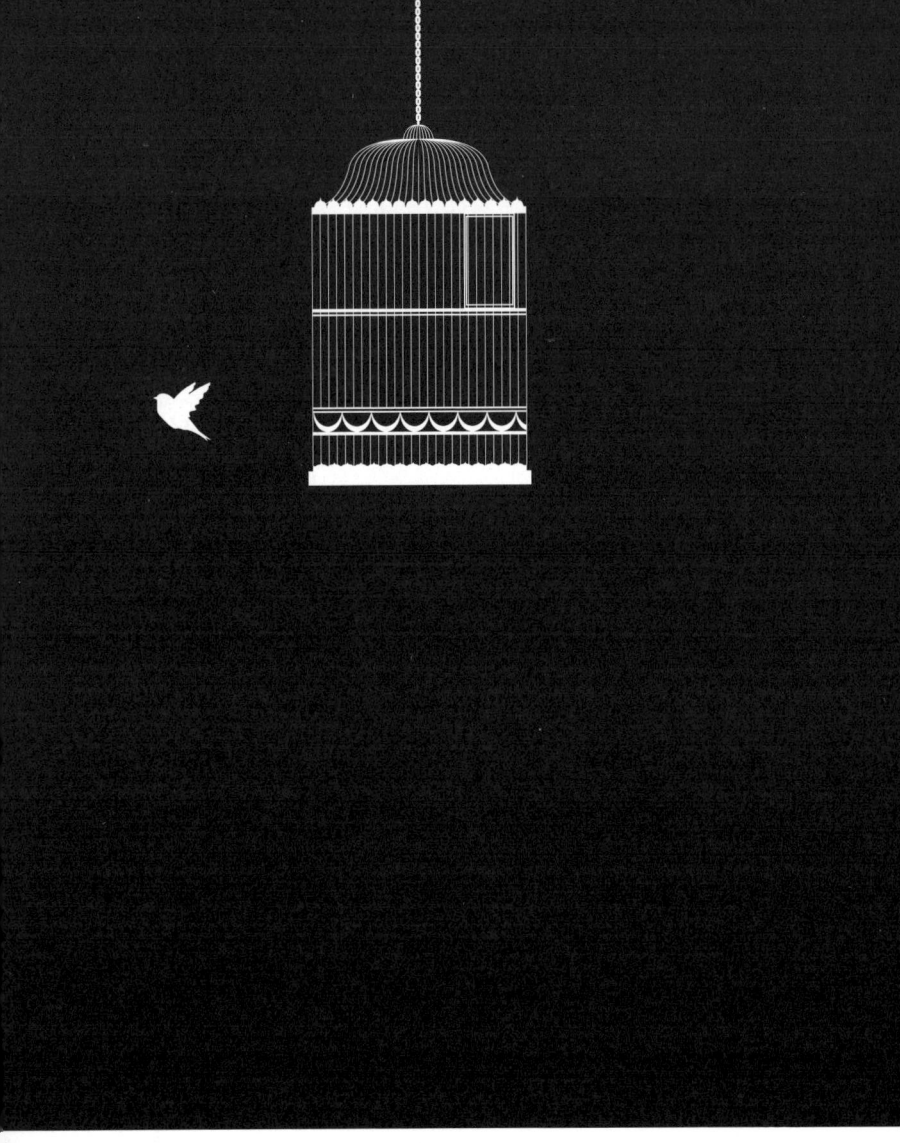

THE TRUE BOUNDS OF
CHRISTIAN FREEDOM

05

율법과 은혜는 서로 모순되지 않는가?

하나님이 우리에게 율법을 허락하신 이유는 무엇인가?
율법이 어떻게 은혜를 드러내는가?
은혜로 구원을 얻는 우리에게 율법의 가치는 무엇인가?

율법과 은혜는 서로 모순되지 않는가?

이번 장에서는 하나님의 율법이 하나님의 은혜와 모순되지 않는다는 점을 설명하려 한다. 사실, 하나님의 율법은 하나님의 은혜를 더욱 잘 이해하도록 도와준다.

하나님이 율법을 허락하신 이유를 몇 가지 열거하며 시작해 보자.

1. 한계를 설정하여 죄가 완전히 통제를 벗어나지 않도록

율법은 무엇이 옳고 그른지 알려 준다. 또한 하나님이 죄를 미워하시며 율법을 어기는 자를 징벌하신다고 가르친다. 사람들이 마음대로 악을 저지르지 않는 이유는 형벌이 두렵기 때문이다. 율법은 세상이 최악으로 치닫지 않도록 한다.

만일 하나님이 율법을 허락하지 않으셨다면, 모든 사람이 가인이 아벨을 대하듯 형제를 대했을 것이고, 압살롬이 다윗을 대하듯 아버지를 대했을 것이다. 우리는 율법을 통해 옳은 것을 가르치시고, 죄에는 징벌이 뒤따름을 깨우쳐 주신 하나님께 감사해야 한다. 율법이 아니었다면 누구도 안전하게 살지 못하고 길거리와 가정에서 살인, 강간, 간음 등이 지금보다 훨씬 빈번하게 일어났을 것이다. 율법이 "살인하지 말라"고 가르치지 않았다면, 다툼이 일어날 때마다 누군가가 살해되었을 것이다. 율법이 "도둑질하지 말라"고 가르치지 않았다면, 거짓이나 속임수나 무력으로 강탈하는 일이 허다했을 것이다. 하나님이 자연에 한계를 두어 바닷물이 육지에 흘러넘치지 않도록 하셨듯, 우리를 보호하기 위해 도덕적인 한계를 정하셨다.

2. 우리가 죄인이라는 사실을 알려 주고자

사도 바울은 로마서 7장 7절에서 "율법이 죄냐 그럴 수 없느니라 율법으로 말미암지 않고는 내가 죄를 알지 못하였으니 곧 율법이 탐내지 말라 하지 아니하였더라면 내가 탐심을 알지 못하였으리라"고 말했다. 율법의 또 다른 목적은 우리가 죄인이라는 사실을 깨우침으로써 구원자의 필요성을 절감하게 하기 위함이다. 이것이 하나님이 구원자에 대한 약속을 제시하신 후 율법을 허락하신 이유이다. 율법은 구원자의 필요성을 일깨워 그 약속을 소중히 여기도록 한다.

3. 우리를 겸손하게 하고자

이번 내용은 두 번째 요점과 자연스레 연결된다. 하나님이 율법을 허락하신 이유는 우리의 양심을 일깨워 우리에게 죄책이 있음을 알게 하시기 위함이다. 사도 바울은 로마서 3장 19절에서 이렇게 말했다. "우리가 알거니와 무릇 율법이 말하는 바는 율법 아래에 있는 자들에게 말하는 것이니 이는 모든 입을 막고 온 세상으로 하나님의 심판 아래에 있게 하려 함이라."

하나님이 율법을 허락하시기 전에도 사람들은 죄인이었다. 그때에는 양심의 소리를 더욱 쉽게 묵살할 수 있었다. 바울은 로마서 5장 13-14절에서 "죄가 율법 있기 전에도 세상에 있었으나 율법이 없었을 때에는 죄를 죄로 여기지 아니하였느니라 그러나 아담으로부터 모세까지 …… 사망이 왕 노릇 하였나니"라고 말했다.

하나님이 모세에게 율법을 허락하시기 전에도 세상에는 똑같이 죄가 존재했고, 사망의 징벌이 주어졌다. 그러나 사람들은 죄를 죄로 여기지 않았다. 따라서 하나님은 그들에게 율법을 주어 그들이 처한 위험을 좀 더 분명하게 보이셨고, 구원자가 절실히 필요하다는 사실을 깨우치셨다.

이처럼 하나님의 율법은 하나님의 은혜를 더욱 귀하게 여기도록 이끈다. 우리의 부패한 본성을 의식할수록 자신의 아들을 내주신 하나님께 더욱 감사할 수 있다.

4. 그리스도인이 어떻게 살아야 하는지 보여 주고자

이에 관해서는 4장에서 자세히 살펴본 바 있다. 그러므로 여기에서는 그리스도인은 창조주를 존중히 여기며 섬길 의무가 있고, 율법은 그 방법을 알려 준다는 정도만 간단하게 언급하겠다.

5. 그리스도인에게 그리스도의 필요성을 일깨우고자

율법은 하나님을 섬기고 영화롭게 하는 그리스도인의 행위가 하나님이 마땅히 받으셔야 할 수준에 미치지 못함을 깨우쳐 준다. 그래서 우리에게는 구원자이신 예수님이 항상 필요하다는 사실을 의식하게 한다. 우리의 죄와 결함을 모두 덮어줄 은혜는 그리스도 안에 있다.

6. 그리스도인을 징계하고 바로잡고자

디모데후서 3장 16절은 "모든 성경은 하나님의 감동으로 된 것으로 교훈과 책망과 바르게 함과 의로 교육하기에 유익하니"라고 말씀한다. 하나님의 율법은 그리스도인이 죄를 지었을 때 꾸짖고 바로잡아 하나님께 순종하도록 독려하는 데 특별히 유익하다.

지금까지 하나님이 우리에게 율법을 허락하신 이유를 알아보았다. 하나님의 율법은 이렇듯 하나님의 은혜와 상충되지 않는다. 율법과 은혜의 관계를 간단히 설명하면 다음과 같이 정리할 수 있다.

1) 하나님이 율법을 허락하신 것은 큰 은혜이다. 하나님이 만일 율법을 허락하지 않으셨다면, 세상은 가장 끔찍한 삶의 장소가 되었을 것이다.

2) 하나님의 은혜는 율법보다 더 강력하다. 율법은 징벌의 두려움을 느끼게 함으로써 어느 정도 죄를 억제하지만, 은혜는 사람의 마음을 변화시킨다. 복음을 믿는 신앙은 죄를 억제할 뿐 아니라 극복한다.

3) 하나님의 율법은 죄의 본질을 드러내고, 우리가 하나님 앞에서 죄인이라는 사실을 깨우친다. 그럼으로써 우리에게 구원자의 필요성을 일깨운다. 사도 바울은 갈라디아서 3장 23-24절에서 이렇게 말했다. "믿음이 오기 전에 우리는 율법 아래에 매인 바 되고 계시될 믿음의 때까지 갇혔느니라 이같이 율법이 우리를 그리스도께로 인도하는 초등교사가 되어 우리로 하여금 믿음으로 말미암아 의롭다 함을 얻게 하려 함이라." 이 말씀대로 율법은 우리에게 복음을 받아들일 준비를 갖추게 한다. 만일 하나님이 율법으로 우리를 겸손하게 하지 않으셨다면, 우리는 결코 그리스도께 나아오지 못했을 것이다.

4) 우리가 그리스도인이 된 후에도 율법은 여전히 필요하다. 우리가 하나님의 자녀이며, 마음으로부터 그분을 사랑한다 하더라도 하나님에 대한 사랑을 나타내는 법을 배워야 한다. 우리는 하나님을 기쁘시게 하기 원한다. 그리고 율법은 하나님을 기쁘시게 하는 방법을 가르친다. 율법은 우리의 길을 비추는 빛이요 등불이다.

우리가 하는 순종은 하나님께 인정받는 근거가 되지 못한다. 우리의 순종은 우리를 받아 주신 하나님께 감사하는 마음을 표현하는 것이다. 하나님이 구원의 약속을 먼저 주셨고 그다음에 율법을 주셨음을 잊지 말라. 이 사실은 율법을 지키는 일이 왜 구원의 공로가 될 수 없는지 우리에게 분명히 보여 준다. 우리가 율법을 지키는 이유는 구원받았기 때문이다. 우리는 우리의 힘이 아닌 그리스도의 능력으로 율법을 지킨다.

5) 율법에 순종한다고 해서 우리가 거룩해지는 것은 아니다. 이를 이해하는 일이 중요하다. 율법 자체는 우리를 변화시킬 수 없다. 우리는 안에서부터 변화되어야 한다. 단지 율법에 명시된 일을 실천한다고 해서 거룩해지는 것은

아니다. 안으로부터 변화되려면 예수 그리스도가 필요하다. 바울은 로마서 8장 2절에서 이렇게 말했다. "이는 그리스도 예수 안에 있는 생명의 성령의 법이 죄와 사망의 법에서 너를 해방하였음이라."

때로 우리는 율법의 목적을 혼동할 수 있다. "너희는 내 규례와 법도를 지키라 사람이 이를 행하면 그로 말미암아 살리라"(레 18:5)와 같은 성경 구절을 읽을 때는 특히 더 그렇다. 이 말씀은 마치 은혜만이 아니라 율법을 지킴으로써 구원을 얻는다고 가르치는 듯하다. 그러나 성경은 다른 곳에서 오직 은혜로만 구원을 얻는다고 가르친다.

갈라디아서 3장 11절은 "하나님 앞에서 아무도 율법으로 말미암아 의롭게 되지 못할 것이 분명하니 이는 의인은 믿음으로 살리라 하였음이라"고 말씀하고, 에베소서 2장 8-9절은 "너희는 그 은혜에 의하여 믿음으로 말미암아 구원을 받았으니 이것은 너희에게서 난 것이 아니요 하나님의 선물이라 행위에서 난 것이 아니니 이는 누구든지 자랑하지 못하게 함이라"고 말씀한다.

이를 옳게 이해하려면 예수님이 마태복음 19장 16-22절에서 젊은 부자 관원과 나누신 대화를 살펴보아야 한다. 젊은 관원은 예수님께 찾아와 "선생님이여 내가 무슨 선한 일을 하여야 영생을 얻으리이까"라고 물었다. 예수님은 그에게 조금 이상한 대답을 들려 주셨다. "네가 생명에 들어 가려면 계명들을 지키라."

예수님은 여기서 또 다른 구원의 방법을 언급하신 것일까? 예수님은 다른 곳에서는 똑같은 질문에 자신을 믿으라고 대답하셨다(요 6:28-29 참조). 예수님이 이렇게 말씀하신 의도는 무엇이었을까? 이를 해결하려면 예수님이 이 본문에서 누구를 상대하고 계신지 알아야 한다. 그 사람은 자신이 그동안 하나님의 율법을 잘 지켜 왔다고 생각한 교만한 젊은 관원이었다. 그는 20절에서 이렇게 말한다. "이 모든 것을 내가 지키었사온대……."

예수님은 그가 완전하지 않을 뿐 아니라 하나님의 율법을 완전히 지킬 수 없음을 일깨우고자 그렇게 말씀하신 것이다. 예수님은 율법을 이용해 교만한 자들을 겸손하게 하시고, 구원자인 예수 그리스도가 필요하다는 사실을 깨닫게 하신다.

그러나 이미 스스로가 죄인이라는 사실을 아는 사람에게는 "수고하고 무거운 짐 진 자들아 다 내게로 오라 내가 너희를 쉬게 하리라"(마 11:28)와 같은 은혜로운 약속을 허락하신다.

THE TRUE BOUNDS OF CHRISTIAN FREEDOM

06

죄에서 자유하면 징벌에서도 자유한가?

하나님이 자기 백성을 징벌하시는 이유는 무엇인가?
그리스도께서 우리의 징벌을 대신 받으셨으니
이제는 우리가 징벌받을 이유가 없지 않은가?

죄에서 자유하면
징벌에서도
자유한가?

●

성경을 보면 하나님이 종종 자기 백성의 죄를 징벌하거나 징계하심을 알 수 있다. 히브리서 12장 8절은 "징계는 다 받는 것이거늘 너희에게 없으면 사생자요 친아들이 아니니라"고 말씀한다.

"할례 받지 아니한 그들의 마음이 낮아져서 그들의 죄악의 형벌을 기쁘게 받으면 내가 …… 내 언약을 …… 기억하리라"(레 26:41-42)는 말씀에서 알 수 있듯 하나님이 징계를 베푸시는 목적은 확실하다. 그분은 자기 백성의 죄를 징벌하심으로써 그들이 다시 돌아와 죄를 고백하고 긍휼을 구하게 하신다.

이 사례가 역대하 12장 5-6절에서 발견된다. 애굽 왕 시삭이 예루살렘을 공격했다. 하나님은 스마야 선지자를 통해 유다 방백들에게 자신의 말씀을 전하셨다. "너희가 나를 버렸으므로 나도 너희를 버려 시삭의 손에 넘겼노라." 그러자 유다 방백들은 스스로를 겸손히 낮춰 "여호와는 의로우시다"라고 말했다. 그들은 자기 죄 때문에 하나님이 징벌을 내리셨음을 옳게 이해했다.

하나님은 자기 백성이 죄를 지을 때 그들을 징계하신다. 징계의 목적은 죄를 고백하게 하기 위함이다. 심지어는 하나님께 충실한 사람까지도 징계를 받는다. 다니엘과 에스라가 그런 경우이다. 다니엘서 9장과 에스라서 9장에 기록된 그들의 기도를 읽어 보라. 하나님은 집단의 차원뿐만 아니라 개인의 차원에서도 징계를 베푸신다. 모세와 같이 하나님이 가장 아끼는 사람도 예외가 될 수 없다. 모세는 그의 죄 때문에 약속의 땅에 들어가지 못했다(민 20:12). 다윗도 밧세바에게 저지른 죄 때문에 징벌을 받았다(삼하 12:10).

혹자는 구약 성경에서만 그렇고 신약 성경의 경우는 다르다고 생각할 수 있다. 그러나 좀 더 깊이 살펴보면 신약 성경

또한 구약 성경과 조금도 다르지 않다. 구약 성경과 신약 성경이 서로 모순되지 않고 일치한다는 점을 이해하는 일은 매우 중요하다.

하나님은 신약 성경에서도 자기 백성이 죄를 지었을 때 그들을 징벌하셨다. 예를 들어 바울은 고린도전서 11장 30절에서 "그러므로 너희 중에 약한 자와 병든 자가 많고 잠자는 자도 적지 아니하니"라고 말했다. 고린도 교인들이 합당하지 못한 태도로 성찬에 참여했기 때문이다.

어떤 사람은 이 말씀이 참된 그리스도인이 아닌 사람들에게 한 말이라고 생각한다. 그러나 "우리가 판단을 받는 것은 주께 징계를 받는 것이니 이는 우리로 세상과 함께 정죄함을 받지 않게 하려 하심이라"는 32절 말씀을 고려하면, 바울이 그리스도인에 관해 말하고 있음이 분명하다. 여기에서 "징계"로 번역된 말은 하나님의 백성을 언급할 때만 사용되는 용어로, 히브리서 12장 6-8절에서도 발견된다. "주께서 그 사랑하시는 자를 징계하시고 그가 받아들이시는 아들마다 채찍질하심이라 …… 너희에게 없으면 사생자요 친아들이 아니니라."

하나님이 자기 백성을 징벌하신다는 사실을 인정하기란 쉽지 않다. 우리는 "내가 그리스도인이고 하나님이 나의 죄를 모두 용서하셨는데, 어떻게 하나님이 나를 징벌하실 수 있는가? 예수님이 내 죄를 위해 대신 징벌을 당하셨는데 어떻게 하나님이 나를 징벌하실 수 있는가? 하나님은 그렇게 할 권한이 없으시다."라는 식으로 생각하기 쉽다.

그러나 하나님이 자기 백성의 삶 가운데 행하시는 일은 모두 그분의 사랑에서 비롯한 것이다. 하나님이 자기 백성을 징계하시는 목적은 그들을 유익하게 하고, 더욱 거룩하게 하여 하나님의 영광에 참여토록 하려는 것이다(히 12:10). 하나님은 자신의 정의를 만족시키려는 목적으로 자기 백성을 징벌하거나 징계하지 않으신다. 또한 하나님은 우리로 죗값을 치르게 하고자 우리에게 징벌을 내리시지 않는다. 예수 그리스도께서 우리를 대신해 십자가에 달려 죽으심으로써 하나님의 정의를 완전히 만족시키셨다. 우리의 죄에 대한 하나님의 진노가 모두 예수님께 쏟아졌다.

하나님의 징계는 우리를 바로잡고 겸손하게 하려는 사랑의 매이다. 하나님이 우리의 삶 가운데 행하시는 모든 일은 우리를 향한 사랑에서 비롯한다. 좋은 약이 입에 쓰듯 하나님의 징계는 달갑지 않을 수 있지만 우리를 유익하게 한다. 하나님은 사랑으로 우리를 징계하신다.

하나님이 자기 백성을 징벌하거나 징계하시는 이유를 몇 가지 설명하면 다음과 같다.

1) 악인들에게 경고하고자 징계하신다. 자기 백성도 징계하시는 하나님이 그분의 원수들에게는 과연 어떻게 하시겠는가? 하나님의 집에서 심판이 시작된다면, 복음을 믿지 않는 자들의 운명은 어떻게 되겠는가?(벧전 4:17)

2) 하나님이 의를 행하심을 온 세상에 보여 주고자 징계하신다. 하나님은 자기 백성에게 죄를 허용하지 않으시며, 모든 사람을 징계하신다. 하나님은 누구도 편애하지 않으신다.

3) 하나님의 이름이 욕되는 일이 없도록 징계하신다. 다윗의 죄는 하나님의 이름을 욕되게 했다(삼하 12:14). 하나님의 백성이 죄를 지으면, 비그리스도인이 죄를 지을 때보다 더욱 하나님의 이름을 욕되게 한다. 이는 우리가 하나님께

속했기 때문이다.

4) 죄를 범한 다른 그리스도인과 같은 잘못을 반복하지 않도록 경고하고자 징계하신다. 바울은 고린도전서 10장 6-12절에서 이 점에 관해 말했다. "그들 가운데 어떤 사람들이 주를 시험하다가 뱀에게 멸망하였나니 우리는 그들과 같이 시험하지 말자"(9절).

5) 자기 백성의 영적 성장을 위해 징계하신다. 우리는 죄로 인해 하나님의 징계를 받으면 겸손한 마음을 갖게 된다. 징계는 우리가 하나님의 말씀에 더욱 귀 기울이게 하고, 죄를 짓지 않도록 노력하게 한다. 하나님의 징벌이나 징계의 목적은 우리가 그분의 영광에 참여할 준비를 갖추게 하기 위해서다. 바울은 고린도후서 4장 17절에서 "우리가 잠시 받는 환난의 경한 것이 지극히 크고 영원한 영광의 중한 것을 우리에게 이루게 함이니"라고 말했다.

이번 장을 마무리하기 전에 한 가지 사실을 더 언급하고 싶다. 하나님이 징계하시는 이유가 항상 우리가 범죄했기 때문만은 아니다. 다른 이유로 하나님이 우리를 징계하실 때도 있다. 욥의 경우가 그렇다. 욥이 징계를 당한 이유는 하나님을 믿는 그의 신앙을 시험하기 위해, 곧 하나님을 향한 그의 사랑을 마귀에게 증명하기 위해서였다.

바울도 다른 이유에서 징계를 받았다. 그가 교만해서가 아니라 교만해지지 않도록 "육체에 가시"가 주어졌다(고후 12:7). 하나님은 우리가 죄를 짓지 않도록 때로 그런 식으로 우리를 징계하신다. 또한 우리는 선을 행하고 복음을 전하기 위해 고난을 당할 수 있다. 따라서 하나님이 우리를 징계하거나 시련을 주실 때마다 반드시 우리가 죄를 지은 탓이라고 생각해서는 안 된다.

그들은 잠시 자기의 뜻대로 우리를 징계하였거니와
오직 하나님은 우리의 유익을 위하여
그의 거룩하심에 참여하게 하시느니라
무릇 징계가 당시에는 즐거워 보이지 않고 슬퍼 보이나
후에 그로 말미암아 연단 받은 자들은
의와 평강의 열매를 맺느니라
히브리서 12장 10-11절

THE TRUE BOUNDS OF
CHRISTIAN FREEDOM

07

순종해야 한다면 자유롭지 않은 것 아닌가?

우리가 정말 자유롭다면 율법에 순종하지 않을 자유도 있지 않겠는가?
순종하고 싶지 않을 때는 어떻게 해야 하는가?
그래도 의무적으로 순종해야 하는가?

순종해야 한다면 자유롭지 않은 것 아닌가?

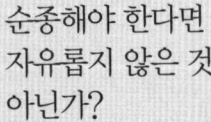

이번에 생각할 질문은 "그리스도인이 하나님의 도덕법에 순종할 의무를 지닌다면, 자유가 제한받는 것 아닌가? 우리가 하나님께 순종해야만 한다면 어떻게 자유롭다고 말할 수 있는가?" 하는 것이다.

하나님께 순종하는 것과 우리가 자유로운 것은 서로 모순되지 않는다. 하나님이 우리를 구원하신 이유는 우리가 자유롭게 하나님을 섬기게 하시기 위함이다. 누가복음 1장 74-75절은 "우리가 원수의 손에서 건지심을 받고 종신토록 주의 앞에서 성결과 의로 두려움이 없이 섬기게 하리라 하셨도다"라고 말씀한다.

예수님은 하나님을 섬기는 일에서 우리를 자유롭게 하지 않으셨다. 그분은 단지 하나님을 두려움으로 섬기는 일에서 우리를 자유롭게 하셨다. 또한 예수님은 다른 신을 섬기는 데서 우리를 자유롭게 하셔서 하나님을 섬기게 하셨다. 그분의 "멍에는 쉽고 (그분의) 짐은 가볍다"(마 11:30).

태양에서 빛을 분리하기가 불가능하듯 순종과 구원을 분리하기도 불가능하다. 바울은 디도서 2장 11-12절에서 분명히 밝혔다. "모든 사람에게 구원을 주시는 하나님의 은혜가 나타나 우리를 양육하시되 경건하지 않은 것과 이 세상 정욕을 다 버리고 신중함과 의로움과 경건함으로 이 세상에 살고." 하나님께 순종해야 하는 의무가 그리스도인의 자유를 훼손하지 않음은 분명한 사실이다. 하나님께 대한 순종이 없으면 진정한 자유도 없다.

그렇다면 하나님께 순종하고 싶지 않을 때는 어떻게 해야 하는가? 하나님이 명령하셨다는 이유만으로 억지로 따라야 하는가? 아니면 하고 싶은 마음이 생길 때까지 또는 성령의 감동이 있을 때까지 기다리는 편이 나을까? 물론 그렇게 되면 하나님께 자유롭게 순종할 수 있다.

성령께서 무엇을 하라고 감동하실 때 다윗처럼 그분의 뜻을 따르는 일은 매우 중요하다. 다윗은 블레셋과 전쟁을 할 때 "뽕나무 꼭대기에서 걸음 걷는 소리가 들리거든 곧 공격하라 그 때에 여호와가 너보다 앞서 나아가서 블레셋 군대를 치리라 하신지라"(삼하 5:24) 하는 하나님의 말씀을 들었다. 성령을 소멸하는 것은 중대한 죄이다. 성령의 감동이 있을 때는 즉시 순종해야 한다.

그러나 우리의 마음이 움직인다고 모두 성령께로부터 비롯한 것은 아니다. 사탄도 때로 우리의 마음을 움직여 무엇을 하도록 유도한다. 이상한 말처럼 들리겠지만, 몇 가지를 예로 들면 다음과 같다.

1) 사탄은 그리스도인이 영적으로 고민하면, 아직 부족하니 더 열심히 하나님을 섬기고 더 많이 기도해야겠다고 생각하도록 유도한다. 사탄의 목적은 그리스도인이 스스로의 신앙생활에 더욱 실망하고 더 많은 좌절감을 느끼게끔 만드는 데 있다.

2) 사탄은 그리스도인이 육체적으로 연약할 때 그가 "해야 할" 일을 일일이 지적한다. 충분하지 않은 힘으로 그 일을 하려고 애쓰다가 더욱 연약해지게 하기 위해서다.

3) 사탄은 우리가 실패할 것 같은 아주 어려운 일을 우리가 하게끔 충동한다. 우리가 좌절하도록 말이다.

4) 사탄은 우리가 선한 일을 할 때 우선순위를 혼동하게끔 유도한다. 예를 들어 사탄은 우리가 한 가지 일에만 분주하도록 하여 다른 중요한 일을 못 하게 방해한다. 그래서 우리가 하지 못한 일에 대해 죄책감을 느끼며 좌절하게 한다.

물론 사탄의 이러한 시도들은 실패할 때가 많다. 하나님이 우리에게 그분을 섬길 능력을 허락하시기 때문이다. 성령께서는 어떤 의무를 행하도록 우리를 감동하실 때 아울러 그 일에 필요한 힘을 제공하신다.

그렇다면 하나님이 명령하신 일을 행하도록 우리를 감동하시는 성령님을 의식하지 못할 때는 어떻게 해야 할까?

기도를 예로 들어보자. 기도하고 싶은 마음이 들지 않을 때도 기도해야 하는가? 물론이다. 성령님의 역사가 느껴지지 않는다고 해서 그분이 가만히 손을 놓고 계신다고 생각하면 오산이다. 우리가 느끼지 못할 때도 성령께서는 우리 안에서 많은 일을 행하신다. 어려운 일 앞에서 갈등할 때나 하나님께 순종하고자 유혹을 물리치려고 애쓸 때 하나님은 우리의 순종을 항상 귀하게 여기신다.

기도를 시작했는데도 마음이 냉랭한 경우가 많다. 그러나 기도를 계속하다 보면 마음이 뜨거워진다. 실망스러운 마음으로 기도를 시작했지만 기도를 마칠 때는 용기백배하는 경우가 많다. 하고 싶지 않더라도 신앙생활의 의무를 이행하다 보면, 하나님이 우리에게 찾아오시고 그분과 특별한 교제가 이루어진다. 참으로 놀라운 일이 아닐 수 없다. 하고 싶을 때만 기도하거나 의무를 이행한다면 그런 놀라운 일을 경험할 수 없다.

우리는 성령님을 통제할 수 없다. 그러나 베데스다 연못에 있던 사지마비 환자처럼(요 5장) 성령님을 발견할 가능성이 가장 높은 일을 할 수는 있다. 그는 성령께서 물을 움직이실 때를 통제할 수도 없었고, 혼자 힘으로 그 물에 들어갈 수도 없었다. 그래서 가능한 한 연못 가까운 곳에 누워 기다려야 했다. 그는 자신이 할 수 있는 일을 했고, 하나님은 그에게 찾아와 병을 고쳐 주셨다.

그리스도인의 자유에는 하나님의 명령에 순종하는 일이 포함된다. 하나님이 우리를 구원하신 이유가 이것이다. 우리는 하고 싶은 마음이 없을 때도 기꺼이 순종해야 한다. 하나님께 순종할 때 그분이 우리 마음을 바꾸시기 때문이다. 다음 장에서는 무엇이 그리스도인의 참된 순종인지 좀 더 자세히 살펴볼 생각이다.

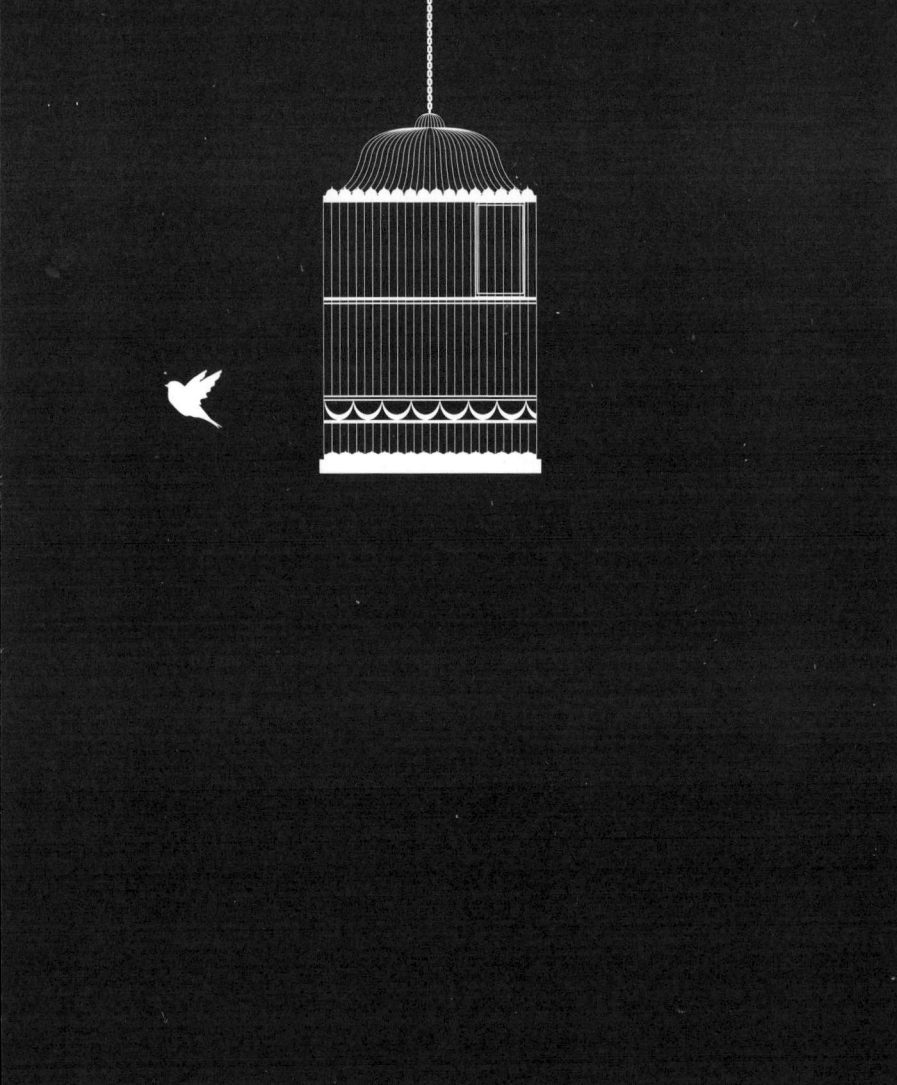

THE TRUE BOUNDS OF
CHRISTIAN FREEDOM

08

그리스도인의
참된 순종이란
무엇인가?

참된 그리스도인은 항상 하나님께 순종하기 원하는가?
그리스도인이 그릇된 동기로 하나님께 순종할 수 있는가?
그리스도인은 왜 하나님께 순종해야 하는가?

그리스도인의
참된 순종이란
무엇인가?

이번 장에서는 성경이 가르치는 참된 순종이 무엇인지 살펴보자. 참된 순종은 우리가 때로 순종으로 생각하는 것과 어떻게 다른가? 이를 이해하려면 순종의 동기를 살펴보고 "왜 하나님께 순종하는가?"라는 질문에 대답해야 한다.

하나님께 순종하는 그릇된 동기들
1. 하나님께 무엇을 얻고자 하는 순종

그리스도인은 보수를 받으려고 주인을 섬기는 종이나 일꾼과 다르다. 그리스도인은 일꾼이 아닌 하나님의 자녀이다. 그러므로 아버지이신 하나님께 무엇을 얻으려고 노력할 필요가 없다. 그들이 하나님께 순종하는 이유는 하나님과의 친밀한 교제를 가장 원하기 때문이다. 그들이 하나님을 섬기는 이유는 무엇을 얻어야 해서가 아니라 섬김 그 자체를 기뻐하기 때문이다. 따라서 그리스도인은 아무런 이득이 없어 보여도 기꺼이 하나님을 섬긴다. 하나님을 섬기는 것 자체가 큰 보상이다.

그리스도인은 천국에 가거나 복을 받기 위해 하나님께 순종하지 않는다. 천국에 가거나 복받을 자격을 얻는 데 우리가 할 수 있는 일은 하나도 없다. 그리스도인은 자신이 행한 순종이 아닌 오직 하나님만을 전적으로 의지한다.

2. 징벌에 대한 두려움이나 삶의 역경을 피하고자 하는 순종

선한 일을 하지 않으면 불행을 당할까 두려워 선한 일을 하는 사람이 많다. 그들은 죄가 주는 쾌락을 계속 누리고 싶지만, 지옥에 가기 싫어 행위를 자제한다. 마치 침몰하는 배에 탄 장사꾼이 목숨을 구하려고 물건을 모두 바다에 던지는 것과 같다. 그는 물건을 절대 버리고 싶지 않지만 어쩔 수 없어 버린다.

선한 일을 할 마음이 전혀 없으면서도 천국에 가려면 그래야 한다고 생각하는 탓에 어쩔 수 없이 선을 행하는 사람이 많다. 그들이 죄를 자제하는 이유는 나타날 결과를 두려워하기 때문이다. 그들은 마음으로는 여전히 죄를 사랑한다. 그들은 죄를 마음껏 저질러도 아무 형벌을 받지 않으면 좋겠다고 생각한다.

그리스도인의 경우는 그들과 사뭇 다르다. 그리스도인은 순종을 마치 쓴 약을 복용하듯 마지못해 해야 할 일로 여기지 않는다. 그들은 순종을 마땅하게 생각한다. 순종이 하나님을 기쁘시게 하고, 하나님과 더욱 친밀한 관계를 맺게 하기 때문이다.

그리스도인은 이제 죄를 짓기를 즐거워하지 않는다. 그들은 죄를 끔찍한 것, 곧 피해야 할 독약으로 생각한다. 그리스도인에게 최악의 징벌은 하나님과의 친밀한 관계를 잃는 것이다. 그들은 하나님을 기쁘시게 하기를 원한다. 설혹 징벌을 면할 수 있다 하더라도 그들은 불순종하기보다 하나님을 기꺼이 섬길 것이다.

3. 깨끗한 양심을 유지하고자 하는 순종

좋은 기분을 느끼려고, 곧 양심의 평화를 유지하기 위해 선한 일을 행하는 사람이 많다. 그러나 이런 이유로는 스스로가 하는 행위를 진정으로 즐길 수 없다. 이는 마음이 결여된 의무에 불과하다. 양심은 이정표와 같아서 무엇이 옳고 그른 방향인지 알려 주지만, 그 일을 행할 마음이나 능력을 제공하지 못한다.

하나님께 순종하는 참된 동기들

그리스도인이 하나님께 순종하는 이유는 그것이 그리스도인의 본성이기 때문이다. 그리스도인이 하나님께 순종하기 좋아하고, 하나님이 원하시는 일 하기를 기쁨으로 생각하는 이유는, 그들의 마음이 변화되었기 때문이다. 그리스도인은 새로운 본성을 지닌다. 새로운 본성은 하나님의 명령에 순종하기 원한다.

그리스도인은 새로운 본성에서 비롯하는 새로운 욕구를 지닌다. 그 욕구는 옳은 일을 하겠다는 마음을 불러일으킨다. 그리스도인은 옳은 일을 즐거워한다. 그 즐거움이 참된 그리스도인의 증표이다. 참된 순종은 마음에서 비롯하고, 참된 그리스도인은 순종하고픈 욕구를 지닌다.

하나님을 사랑하라는 명령을 생각하면 이를 분명히 이해할 수 있다. 마음이 없이는 누군가를 사랑할 수 없다. 그리스도인은 단지 하나님을 사랑하라고 명령받았기 때문에 그분을 사랑하지 않는다. 그리스도인이 하나님을 사랑하는 이유는 그분이 사랑할 만한 분이기에, 곧 그분이 지극히 아름답고 놀라운 분임을 알기 때문이다. 참된 그리스도인은 설혹 하나님을 사랑하라는 명령이 없었더라도 기꺼이 하나님을 사랑한다.

기도를 예로 들어 보자. 참된 그리스도인이 기도하는 이유는 단지 하나님이 명령하셨기 때문이 아니다. 그는 하나님과 교제를 나누고 싶기에 기도한다. 그에게 기도는 곧 기쁨이다(물론 앞에서 살펴보았듯 기도하기가 어려울 때도 있다). 그리스도인은 아버지이신 하나님과 대화를 나누고, 그분과 함께하는 시간을 즐거워한다. 그는 기도가 놀라운 특권이라는 사실을 안다. 따라서 참된 그리스도인은 설혹 하나님이 기도하라고 명령하지 않으셨더라도 기꺼이 기도한다.

이는 마치 건강한 사람이 음식을 먹는 이유와도 같다. 그는 먹어야 해서가 아니라 자연스레 식욕을 느끼기에 음식을 먹는다. 그는 건강한 욕구를 느낀다. 음식을 먹고 싶어 하고, 음식을 즐긴다. 그리스도인이 하나님께 순종하는 이유도 마찬가지이다. 순종해야 하기 때문이 아니라 순종하고픈 욕구를 느끼기에 순종한다. 그는 스스로 원하는 마음으로 하나님께 순종한다. 순종을 즐거워한다.

건강한 눈은 누가 보라고 강압하지 않아도 사물을 본다. 보는 것이 눈의 자연스러운 본성이기 때문이다. 우리가 지닌 새로운 본성도 자연스레 하나님께 순종하기 원한다. 하나님의 은혜가 우리 안에 역사하여 그분의 계명에 순종하도록 이끈다. 이것이 그리스도인이 하나님께 순종하는 이유이다. 순종은 새로운 본성으로부터 자연스레 비롯한다. 시편 저자는 40편 8절에서 "내가 주의 뜻 행하기를 즐기오니"라고 말했다. "주의 법이 나의 심중에 있기" 때문이다.

하나님은 우리 마음에 그분의 율법을 새기겠다고 약속하셨다(렘 31:33, 겔 36:26-27). 곧 하나님이 율법을 우리에게 주어 우리 본성의 일부가 되게 하신다는 뜻이다. 하나님의 율법에 대한 순종은 마음에서부터 자연스레 우러나와 우리를 기쁘게 한다. 시편 119편 32절은 "주께서 내 마음을 넓히시면 내가 주의 계명들의 길로 달려가리이다"라고 말씀한다.

물론 우리는 항상 자연스레 하나님께 순종하기를 원하지 않는다. 때로는 순종이 어렵고, 순종하고픈 마음이 들지 않을 때도 있다. 이는 우리의 영적 건강에 문제가 생겼다는 징후이다. 마치 사람이 병에 걸린 것과 같다. 환자는 음식을 먹기는 하지만, 건강을 위해 먹어야 한다는 생각으로 먹지 식욕을 느껴서는 아니다. 환자가 억지로 음식을 먹는 이유는 먹지 않으면 죽기 때문이다.

그리스도인으로서 하나님께 순종하고픈 마음이 없다면 영적으로 무언가 잘못되었다는 징후이다. 하나님이 아닌 다른 사람이나 사물을 더 사랑하거나, 죄를 지었거나, 부패한 옛 본성이 다시 주도권을 잡으려고 하거나, 큰 시련이나 유혹의 시기를 거치는 경우일 수 있다. 그러나 그리스도인은 심지어 그런 경우에 처해 영적으로 침체된 상태일지라도, 비그리스도인이 가장 상태가 좋을 때보다 더 하나님을 사랑하는 마음이 강하다. 그리스도인은 믿지 않는 자들과 달리 새로운 마음과 본성을 지니기 때문이다.

 이것이 그리스도인이 누리는 참된 자유의 의미이다. 그리스도인은 그 마음에서부터 원하고 또 하나님의 명령을 지키는 일이 즐겁기에 그분께 순종한다.

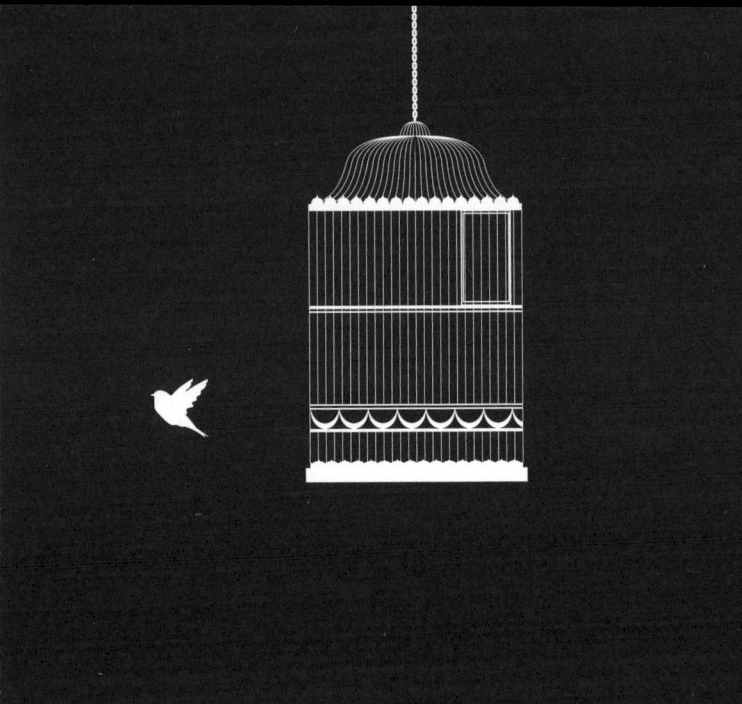

THE TRUE BOUNDS OF
CHRISTIAN FREEDOM

09

순종할 때 상급을 기대해도 되는가?

하나님께 보상을 바라면 참된 순종이 아닌가?
하나님은 보상을 약속하시며 우리의 순종을 독려하시지 않는가?
우리가 순종하는데도 시련을 겪는 이유는 무엇인가?

순종할 때
상급을
기대해도 되는가?

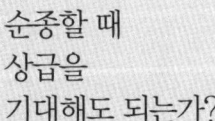

　이번 장에서 생각할 문제는 이것이다. "그리스도인의 참된 순종이 마음으로부터 나와 자유롭게 하나님께 순종하는 것이라면, 보상을 받고자 그분께 순종하는 일이 과연 가능할까? 하나님께 무엇을 얻고자 순종한다면 동기가 잘못된 것일까?"

　이 질문에 대한 답을 살펴보기 전에 절대적으로 분명한 한 가지를 언급하자면, 행위의 공로로는 구원을 얻을 수 없다는 사실이다. 선행을 통해 하나님의 용서를 받아 천국에 들어갈 자격을 갖추기란 불가능하다. 구원은 은혜로운 선물이다. 이는 절대 변하지 않는 성경적 진리이다(딛 3:5, 롬 6:23).

그러면 이제부터 "보상을 받을 목적으로 하나님께 순종할 수 있는가?" 하는 문제를 살펴보자. 이에 대한 견해는 두 가지이다. 하나는 어떤 보상도 생각해서는 안 된다는 것이다. 이를 지지하는 사람들은 보상을 생각하는 순간, 마음에서 우러나오는 자유로운 순종이 아닌 무엇을 얻을 목적으로 순종하게 된다고 주장한다. 그들은 하나님이 그리스도 안에서 이미 우리에게 모든 것을 주셨기에 무엇을 더 얻을 요량으로 순종할 수 없다고 강조한다.

다른 견해는 하나님이 순종을 독려할 의도로 우리에게 보상을 주신다는 것이다. 이 견해를 뒷받침하는 듯 보이는 성경 구절은 다음과 같다.

"너희가 육신대로 살면 반드시 죽을 것이로되 영으로써 몸의 행실을 죽이면 살리니"(롬 8:13).

"항상 주의 일에 더욱 힘쓰는 자들이 되라 이는 너희 수고가 주 안에서 헛되지 않은 줄 앎이라"(고전 15:58).

"그러므로 사랑하는 자들아 너희가 이것을 바라보나니 주 앞에서 점도 없고 흠도 없이 평강 가운데서 나타나기를 힘쓰라"(벧후 3:14, 벧후 1:5-12 참조).

"우리가 선을 행하되 낙심하지 말지니 포기하지 아니하면 때가 이르매 거두리라"(갈 6:9).

또한 성경에는 보상을 위해 하나님께 순종했던 경건한 인물들이 더러 발견된다. 히브리서 저자는 모세에 대해 이렇게 증언한다. "도리어 하나님의 백성과 함께 고난 받기를 잠시 죄악의 낙을 누리는 것보다 더 좋아하고 그리스도를 위하여 받는 수모를 애굽의 모든 보화보다 더 큰 재물로 여겼으니 이는 상 주심을 바라봄이라"(히 11:25-26).

신약 성경의 인물로는 바울이 있다. 그는 "나는 아직 내가 잡은 줄로 여기지 아니하고 오직 한 일 즉 뒤에 있는 것은 잊어버리고 앞에 있는 것을 잡으려고 푯대를 향하여 그리스도 예수 안에서 하나님이 위에서 부르신 부름의 상을 위하여 달려가노라"(빌 3:13-14)고 말했다. 과연 무엇이 옳을까?

먼저 우리가 논하는 보상이 무엇인지부터 옳게 파악해야 한다. 성경이 가르치는 보상은 세 가지, 곧 물질적인 복(건강, 부, 성공처럼 이 세상에서만 주어지는 보상)과 영적인 복(칭의, 정욕에 대한 승리, 평화 등)과 영원한 복(천국, 영광, 영생, 죄로부터의 자유 등)으로 나뉜다.

1. 물질적인 복

참된 그리스도인이 과연 세상의 좋은 것을 얻고자 하나님을 섬기겠는가? 믿지 않는 자들도 이 목적으로 하나님께 순종할 수 있다. 그들은 세상의 좋은 것을 원한다. 그들은 하나님에 대한 섬김을 세상의 좋은 것을 얻는 방법으로 생각한다. 물론 그들은 단지 하나님이 아닌 자신을 섬길 뿐이다. 하나님이 자기에게 허락하셔야 한다고 생각하는 것을 얻지 못하면 곧바로 섬김을 중단한다.

복음서에서 이런 사례를 발견할 수 있다. 일부 군중이 예수님을 따랐던 이유는 그분이 기적을 통해 그들에게 양식을 주셨기 때문이다(요 6:26). 그들은 양식만 얻어먹고 더는 예수님을 따르지 않았다. 호세아서에서 하나님은 이스라엘 백성이 복만 원하고 하나님은 원하지 않는다고 말씀하셨다. "성심으로 나를 부르지 아니하였으며 오직 침상에서 슬피 부르짖으며 곡식과 새 포도주로 말미암아 모이며 나를 거역하는도다"(호 7:14).

참된 그리스도인은 그런 식으로 하나님을 섬기지 않는다. 그가 하나님께 순종하는 진정한 이유는 하나님이 그렇게 하라고 명령하셨고, 또 그분이 자신을 선대하셨기 때문이다. 그는 그리스도 안에서 새로운 피조물이 되었다. 이것이 그리스도인이 하나님께 순종하려는 마음과 능력을 갖게 되는 이유이다.

그리스도인은 세상의 좋은 것보다 하나님을 기쁘시게 하기를 더 중요하게 생각한다. 이것이 그가 하나님을 섬기는 진정한 동기이다. 세상의 일시적인 복은 영적인 복에 비하면 아무것도 아니다. 물질적인 복은 하나님께 순종하도록 하는 충분한 동기가 되지 못한다. 만일 이런 동기가 조금이라도 영향을 미친다면, 엔진을 움직이는 동력으로서가 아니라 다만 윤활제로서 역할에 그칠 뿐이다. 우리는 이 세상의 복을 순종의 주된 동기로 삼아서는 안 된다.

옛 언약과 새 언약의 차이를 아는 일도 중요하다. 신명기 28장 1-14절은 하나님이 자기 백성에게 순종할 동기를 부여하고자 약속하신 일시적인 복들을 언급한다. 그러나 이 복들은 하나님께 순종하는 주된 이유가 될 수 없다. 그저 하나님께 순종하도록 관심을 기울이게 하는 장려책일 뿐이다.

당시 하나님의 백성은 새 언약 아래 있는 우리와 달리 성령을 충만히 받지 못했다. 하나님은 그들을 미숙한 어린아이처럼 대하셨다. 바울이 말한 대로 율법은 그들을 위한 초등교사였다. "이같이 율법이 우리를 그리스도께로 인도하는 초등교사가 되어 …… 믿음이 온 후로는 우리가 초등교사 아래에 있지 아니하도다"(갈 3:24-25).

우리는 복음 아래 있기에 하나님께 순종할 때 주어지는 일시적인 복에 대한 약속이 똑같이 적용되지 않는다. 사실 우리는 예수님이 사도들에게 말씀하신 대로 이 세상에서 많은 고난과 시련을 기대해야 한다.

"너희가 내 이름으로 말미암아 모든 사람에게 미움을 받을 것이나"(마 10:22).

"때가 이르면 무릇 너희를 죽이는 자가 생각하기를 이것이 하나님을 섬기는 일이라 하리라"(요 16:2).

모든 그리스도인에게 시련과 역경이 닥치리라는 성경 구절을 좀 더 알아보면 다음과 같다.

"무릇 그리스도 예수 안에서 경건하게 살고자 하는 자는 박해를 받으리라"(딤후 3:12).

"우리가 하나님의 나라에 들어가려면 많은 환난을 겪어야 할 것이라"(행 14:22).

"아무든지 나를 따라오려거든 자기를 부인하고 날마다 제 십자가를 지고 나를 따를 것이니라"(눅 9:23).

이런 구절로 미루어 볼 때 그리스도인은 이 세상의 좋은 것만 약속받지 않은 것이 분명하다. 대신 우리에게는 예레미야서 32장 40절의 약속이 주어졌다. "내가 그들에게 복을 주기 위하여 그들을 떠나지 아니하리라 하는 영원한 언약을 그들에게 세우고 나를 경외함을 그들의 마음에 두어 나를 떠나지 않게 하고." 하나님은 우리에게 "복을 주는" 일을 결코 중단하지 않겠다고 약속하셨다. 그러나 이 "복"은 반드시 세상의 좋은 것만을 의미하지 않는다. 사실, 하나님은 우리의 손실도 복이 되게 하는 방식으로 우리 삶에 역사하신다. 따라서 징벌이 "복"이 될 수도 있다.

부나 번영과 같은 일시적인 복에 대한 약속이 복음을 믿는 그리스도인에게 반드시 적용되지는 않는다. 우리에게는 복음 안에서 긍휼과 영적인 복을 받으리라는 약속이 주어졌다. 하나님은 모든 것을 합력해 우리를 유익하게 하신다.

"우리가 알거니와 하나님을 사랑하는 자 곧 그의 뜻대로 부르심을 입은 자들에게는 모든 것이 합력하여 선을 이루느니라" (롬 8:28).

따라서 나는 "참된 그리스도인이 세상의 좋은 것을 얻기 위해 하나님을 섬기는가?"라는 질문에 이렇게 답하고 싶다.

하나님께 다른 좋은 것을 받을 생각이 아니라, 복음 안에서 이미 받은 복을 생각하고 순종하는 편이 훨씬 더 낫다.

우리는 하나님께 세상의 좋은 것을 얻고자 순종하지 않는다. 우리가 순종하는 이유는 하나님이 현세와 내세에서 우리에게 복 주시리라 믿기 때문이다. 우리에게는 그런 약속이 주어졌다. 우리가 순종하는 이유는 하나님을 믿기 때문이다.

"그런즉 사랑하는 자들아 이 약속을 가진 우리는 하나님을 두려워하는 가운데서 거룩함을 온전히 이루어 육과 영의 온갖 더러운 것에서 자신을 깨끗하게 하자"(고후 7:1).

"무슨 일을 하든지 마음을 다하여 주께 하듯 하고 사람에게 하듯 하지 말라 이는 기업의 상을 주께 받을 줄 아나니 너희는 주 그리스도를 섬기느니라"(골 3:23-24).

하나님은 우리에게 이미 복을 약속하셨다. 하나님의 약속은 확실하다. 이 약속이 바로 우리가 세상에서 하나님을 위해 살아가는 동기이다.

2. 영적인 복

영적인 복이란 기쁨, 평화, 확신과 같이 영적 유익을 주는 복이다. 그렇다면 영적인 복을 하나님의 명령에 순종하는 동기로 삼아도 될까? 이미 예수님의 순종을 통해 이 모든 복이 우리에게 주어지지 않았는가?

이에 대해서는 다음과 같이 대답할 수 있다. 우리가 예수님을 통해 이 모든 복을 얻은 사실은 분명하다. 그런데 예수님은 "구하라 그리하면 너희에게 주실 것이요"(마 7:7)라고 말씀하셨다. 곧 하나님은 이 복을 받는 방법 혹은 수단을 제시하셨다. 이 복을 받으려면 구해야 한다. 요한계시록 21장 6절은 "내가 생명수 샘물을 목마른 자에게 값없이 주리니"라고 말씀한다. 생명수 샘물을 얻으려면 자신이 목마르다는 사실을 알아야 한다. 이것이 하나님이 약속하신 생명수를 얻기 위한 조건이다.

여기에서 중요한 핵심이 또 하나 드러난다. 하나님은 우리에게 필요한 것은 무엇이든 은혜롭게 베풀기 원하신다. 그래서 우리는 하나님의 복을 얼마든지 받아 누릴 수 있다. 하나님은 우리가 구함으로써 받을 수 있도록 믿음을 주신다. 우리가 생명수로 만족을 얻도록 우리를 영적으로 갈급하게 하신다. 우리는 하나님의 영적인 복을 받을 공로나 자격을 갖출 수 없다. 하나님이 은혜로 그 복을 우리에게 베푸신다.

3. 영원한 복(보상)

먼저 분명히 기억할 것은, 세상에서 우리의 순종을 통해 영생이나 천국을 얻을 수 없다는 사실이다. 디도서 3장 5절은 "우리를 구원하시되 우리가 행한 바 의로운 행위로 말미암지 아니하고 오직 그의 긍휼하심을 따라"라고 말씀한다.

그러나 세상에 사는 동안 하나님께 순종하는 일이 중요한 것도 사실이다. 하나님은 우리가 천국에 들어갈 준비를 갖추게 하신다. 하나님은 우리와 영원히 함께 거하시기 전에 우리로 그분을 더욱더 닮게 하신다. 장차 우리에게 주어질 것을 생각하면, 하나님께 순종하려고 노력할 때 더욱 큰 용기를 얻을 수 있다. 이는 선행으로 천국에 들어갈 자격을 얻으려고 애쓰는 것과 전혀 다르다.

이제 막 그리스도인이 된 사람의 경우 지옥을 피해 천국에 들어가고자 순종하려고 노력할 때가 많다. 새신자라면 그것이 일반이다. 그러나 하나님의 아름다우심과 선하심을 좀 더 깊이 알면, 그분은 섬김받기에 합당하심을 깨닫고 오직 하나님께 순종하려는 마음을 갖게 된다. 지옥의 공포를 맛본 사람은 하나님께로 돌아서고, 하나님의 긍휼을 맛본 사람은 자신의 전부를 바쳐 온 마음을 다해 하나님을 섬기려는 욕구를 느낀다. 다시 말해 "하나님을 섬기면 그분이 내게 무엇을 해주실까?"가 아니라 "내가 하나님께 무엇을 드릴 수 있을까?"를 생각하게 된다.

그렇다면 하나님께 순종하려는 목적으로 천국과 영광을 생각하는 일은 온당할까? 어떤 사람들은 옳지 않다고 말한다. 영원한 행복을 위해 하나님께 순종한다면, 그 역시 하나님께 무엇을 얻고자 그분을 이용하는 것과 같다고 생각하기 때문이다.

이런 생각을 하는 사람들은 천국을 잘못 이해하고 있다. 천국에 대해 그릇된 생각을 지닌 사람이 많은데, 속된 사람들은 천국을 항상 즐거움이 넘치는 장소로 생각한다. 그들이 생각하는 즐거움이란 부와 축제와 아무 문제가 없는 상태이다. 물론 성경은 황금 길이나 값진 보석처럼 우리가 이해할 수 있는 표현으로 천국을 묘사한다. 그러나 그런 표현을 문자 그대로 받아들여서는 안 된다.

천국은 그보다 훨씬 더 경이롭다. 하나님이 그와 같이 표현하신 이유는 우리가 천국을 조금이나마 이해하도록 하기 위해서다. 하나님이 천국을 영광스럽게 하는 데는 금이나 보석이 필요하지 않다. 천국을 영광스럽게 하는 것은 하나님의 임재 그 자체이다. 이 점만 옳게 이해한다면, 세상에서 순종하며 사는 동기로 천국을 생각한다 해도 큰 문제는 없다.

천국에서 우리가 받을 상급은 무엇일까? 그리스도인이 천국에서 받을 가장 큰 상급은 성부, 성자, 성령 하나님의 임재를 이 세상에서보다 훨씬 더 깊이 경험하며, 그분과 영원히 함께 거하는 것이다. 천국의 상급은 성부, 성자, 성령 하나님의 임재를 즐거워하며 그분 안에서 영원히 안식하는 것이다. 우리는 다른 무엇보다도 하나님의 임재를 즐거워하는 생각을 순종의 동기로 삼아야 한다. 다윗은 시편 73편 25절에서 "하늘에서는 주 외에 누가 내게 있으리요 땅에서는 주 밖에 내가 사모할 이 없나이다"라고 말했다.

이것이 모세가 애굽의 모든 영화를 포기하면서 했던 생각이다. 천국의 영광이 그에게는 훨씬 더 귀중했다. 천국에서 그를 기다리는 상급과 비견할 것은 세상에 전혀 없었다. 사도 바울은 "우리가 잠시 받는 환난의 경한 것이 지극히 크고 영원한 영광의 중한 것을 우리에게 이루게 함이니 우리가 주목하는 것은 보이는 것이 아니요 보이지 않는 것이니"(고후 4:17-18)라고 말했다.

천국을 성경의 가르침대로 생각하면 신앙생활의 방식이 크게 달라진다. 몇 가지 예를 들면 다음과 같다.

1. 감사가 넘친다

천국에서 무엇이 우리를 기다리는지 생각하면 "우리 주 예수 그리스도의 아버지 하나님을 찬송하리로다 그의 많으신 긍휼대로 …… 우리를 거듭나게 하사 산 소망이 있게 하시며"(벧전 1:3)라고 외친 베드로처럼 감사하는 마음으로 하나님을 찬양할 수 있다.

2. 기쁨이 넘친다

천국을 생각하면, 히브리서 10장 34절에 나온 그리스도인들처럼 심지어는 큰 시련을 겪는 중에도 기쁨이 충만할 수 있다. "너희가 …… 너희 소유를 빼앗기는 것도 기쁘게 당한 것은 더 낫고 영구한 소유가 있는 줄 앎이라." 지금 우리의 삶이 아무리 힘들지라도 미래에 대한 확실한 소망은 우리에게 큰 기쁨을 안겨 준다.

3. 하나님을 섬길 힘이 생긴다

천국의 소망은 모든 상황 속에서 하나님을 끝까지 섬길 힘을 제공한다. "무슨 일을 하든지 마음을 다하여 주께 하듯 하고 사람에게 하듯 하지 말라 이는 기업의 상을 주께 받을 줄 아나니 너희는 주 그리스도를 섬기느니라"(골 3:23-24).

4. 하나님의 뜻에 순종하게 된다

천국을 생각하면, 하나님이 우리 삶에 무엇을 허락하시든 만족할 수 있다. 우리가 세상에서 가난해도 만족하는 이유는 장차 부유해질 것이기 때문이고, 세상에서 멸시를 당해도 만족하는 이유는 장차 존귀해질 것이기 때문이다. 우리가 온갖 시련을 기꺼이 감당할 수 있는 이유는 장차 완전히 자유할 것이기 때문이고, 전부를 희생할 수 있는 이유는 장차 전부를 얻을 것이기 때문이다.

우리가 무엇을 희생하든 하나님은 그보다 더 귀하시다. 우리는 영원한 복을 누릴 것이다. 우리가 시련과 슬픔과 어려움을 달게 받아들이는 이유는 슬픔 후에 기쁨이 찾아오고, 시련 뒤에 안식이 주어짐을 알기 때문이다. 심지어 죽음조차도 영원한 삶의 시작일 뿐이다. 죽는 순간, 우리는 하나님이 우리를 위해 예비하신 크고 영광스러운 것들을 누린다.

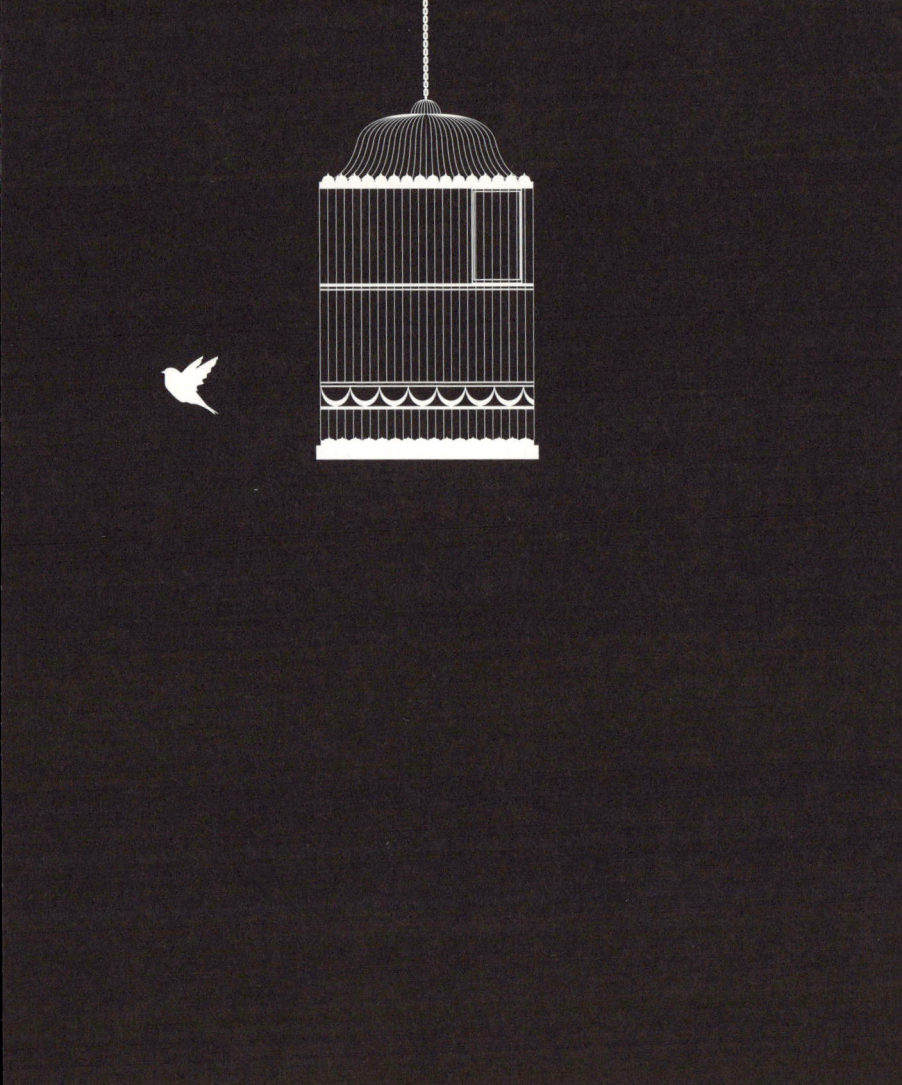

THE TRUE BOUNDS OF
CHRISTIAN FREEDOM

10

다시
죄의 종이
될 수도 있는가?

그리스도인이 죄를 짓는다면 다시 죄의 종이 되었다는 뜻인가?
죄는 그리스도인의 자유를 어떻게 훼손하는가?
그리스도인이 죄를 지었을 때는 어떻게 해야 하는가?

다시
죄의 종이
될 수도 있는가?

●

성경이 "죄의 종"이란 표현을 어떤 의미로 사용하는지부터 생각해 보자. 죄의 종이 된다는 것은 죄와 사탄의 지배를 받으며, 율법의 불가능한 요구와 저주 아래 있음을 의미한다. 이에 대해서는 1장에서 자세히 살펴본 바 있다. 그리스도인은 그 모두로부터 자유롭게 되었다.

그리스도인이 다시 죄와 사탄의 지배를 받거나 율법의 저주 아래 놓이는 일은 불가능하다. 로마서 6장 14절은 "죄가 너희를 주장하지 못하리니 이는 너희가 법 아래에 있지 아니하고 은혜 아래에 있음이라"고 분명히 말씀한다. 그리스도를 통해 자유롭게 된 사람은 다시 사탄의 종이 될 수 없다.

물론 바울이 로마서 7장 23절에서 고백한 대로, 죄가 그리스도인의 삶 속에서 위세를 떨치며 그를 사로잡기도 하는 때가 있다. 그러나 그리스도인은 자원하여 죄나 사탄의 포로가 되거나 즐겁게 죄에 복종하지 않는다. 때로 특정한 죄를 지을 수는 있어도, 죄와 사탄의 종이 되기를 만족스럽게 여기는 경우는 결코 없다.

그리스도인이 다시 율법의 저주 아래 놓이는 일도 불가능하기는 마찬가지이다. 그리스도인은 율법이 아닌 은혜 아래 있기에 율법은 그를 정죄할 수 없다. 그리스도인이 하나님의 은혜에서 벗어나는 일은 절대 불가능하다. 그러므로 그리스도인이 율법의 요구와 저주 아래로 되돌아가는 경우는 결코 없다.

그러나 죄는 그리스도인에게 영향을 미친다. 그리스도인은 다시 죄의 종이 될 수는 없지만 자유를 남용해 죄를 지을 수 있다. 이런 표현은 좀 그렇지만, 이를 "부분적인 또는 제한적인" 속박으로 일컬을 수 있다. 죄가 그리스도 안에 있는 그리스도인의 자유를 훼손하는 방식은 크게 두 가지이다.

1. 평안과 기쁨의 상실

죄는 그리스도인으로 하여금 평안과 기쁨을 잃게 한다. 다윗도 죄를 지은 후 그런 상황에 처했다. 그는 "주의 구원의 즐거움을 내게 회복시켜 주시고"(시 51:12)라고 기도했다. 다윗은 구원을 잃지는 않았지만, 기쁨을 잃고 말았다.

죄는 하나님과 그리스도인의 친밀한 관계를 훼손한다. 죄를 지으면 더는 깨끗한 양심을 유지할 수 없고, 우리 안에 역사하시는 하나님의 은혜를 느낄 수 없다.

하나님의 은혜의 약속은 우리의 행위에 의존하지 않는다. 그분의 약속은 무조건적이며 절대 변하지 않는다. 그렇지만 평안과 기쁨과 위로에 대한 약속은 조건적이다. 이것들은 우리가 어떻게 사느냐에 따라 달라진다. 물론 순종의 공로로 평안과 기쁨을 얻는 것은 아니다. 그러나 순종하면 자연스레 평안과 기쁨이 유지된다. 이는 순종의 부산물이다. 죄를 지었다면 기쁨과 평안이 유지되기를 기대할 수 없다. 이를 보여주는 성경 구절은 다음과 같다.

"공의의 열매는 화평이요"(사 32:17).

"주께서 기쁘게 공의를 행하는 자와 주의 길에서 주를 기억하는 자를 선대하시거늘"(사 64:5).

"주의 법을 사랑하는 자에게는 큰 평안이 있으니 그들에게 장애물이 없으리이다"(시 119:165).

"나의 계명을 지키는 자라야 나를 사랑하는 자니 나를 사랑하는 자는 내 아버지께 사랑을 받을 것이요 나도 그를 사랑하여 그에게 나를 나타내리라"(요 14:21).

따라서 순종하지 않으면 평안과 기쁨을 잃는다. 성령의 명령을 따르지 않으면 그분이 주시는 평안과 기쁨을 잃을 수밖에 없다. 이사야서 59장 2절은 "오직 너희 죄악이 너희와 너희 하나님 사이를 갈라 놓았고 너희 죄가 그의 얼굴을 가리어서 너희에게서 듣지 않으시게 함이니라"고 말씀한다. 완전하거나 최종적인 분리는 아니지만, 그리스도인의 죄는 하나님과의 관계를 소원하게 한다.

아울러 순종하지 않으면 온갖 영적 시련에 직면할 수 있다. 구원을 상실하지는 않지만, 구원의 확신이나 자신감을 잃거나 구원받았다는 증거가 사라지거나 심지어는 구원받았다는 것조차 망각할 수 있다. 베드로는 "이런 것이 없는 자는 맹인이라 멀리 보지 못하고 그의 옛 죄가 깨끗하게 된 것을 잊었느니라"(벧후 1:9)는 말로 그런 사람을 묘사했다.

그렇다면 죄를 지었을 때는 어떻게 해야 할까? 우선, 죄를 지었더라도 하나님이 우리를 용서하신 사실과 우리가 구원받은 현실이 바뀌지는 않음을 기억하고, 하나님은 긍휼이 풍성하시며 그리스도 안에 우리 죄를 덮을 충분한 은혜가 있음을 믿어야 한다. 그러면 용기를 낼 수 있다.

하나님이 우리의 죄를 상기시키시는 이유는 우리로 회개하고 다시 돌아와 평안과 기쁨을 누리게 하기 위해서다. 우리의 평안과 기쁨은 우리 자신이 아닌 예수 그리스도와 그분의 순종에 달려 있다. 그분은 요한복음 16장 33절에서 "이것을 너희에게 이르는 것은 너희로 내 안에서 평안을 누리게 하려 함이라"고 말씀하셨다. 그리스도인이 누리는 평안의 토대는 예수 그리스도께서 우리를 위해 이루신 사역에 있다. 그런데 우리가 순종하면 이 평안이 더 커지고 왕성해진다.

2. 하나님을 섬기는 기쁨의 상실

죄는 또한 그리스도인의 섬김에 영향을 미친다. 그래서 이전과는 달리 하나님을 섬기는 일이 더는 즐겁지 않도록 느끼게 한다. 기쁨과 평안을 잃으면 하나님을 섬기는 일이 기쁨이 아닌 의무로 변한다. 다윗은 죄를 지은 후 "자원하는 심령"을 달라고 기도했다(시 51:12). 그는 죄를 짓기 전에 가졌던 자원하는 마음을 잃고 말았다.

죄는 그리스도인을 다시 종으로 만들 수는 없지만, 자녀로서 하나님을 자유롭게 섬기지 못하게 한다. 예를 들어, 기도를 하더라도 이전에 느꼈던 하나님과의 친밀함이 더는 느껴지지 않는다. 스스로가 옳다고 생각하는 행위를 하면서도, 마치 식욕을 잃어 음식을 즐기지 못하는 환자처럼 기쁨을 느끼지 못한다.

이처럼 그리스도인은 죄를 지으면 비록 다시 죄의 종이 되지는 않더라도 참으로 많은 것을 잃을 수 있다.

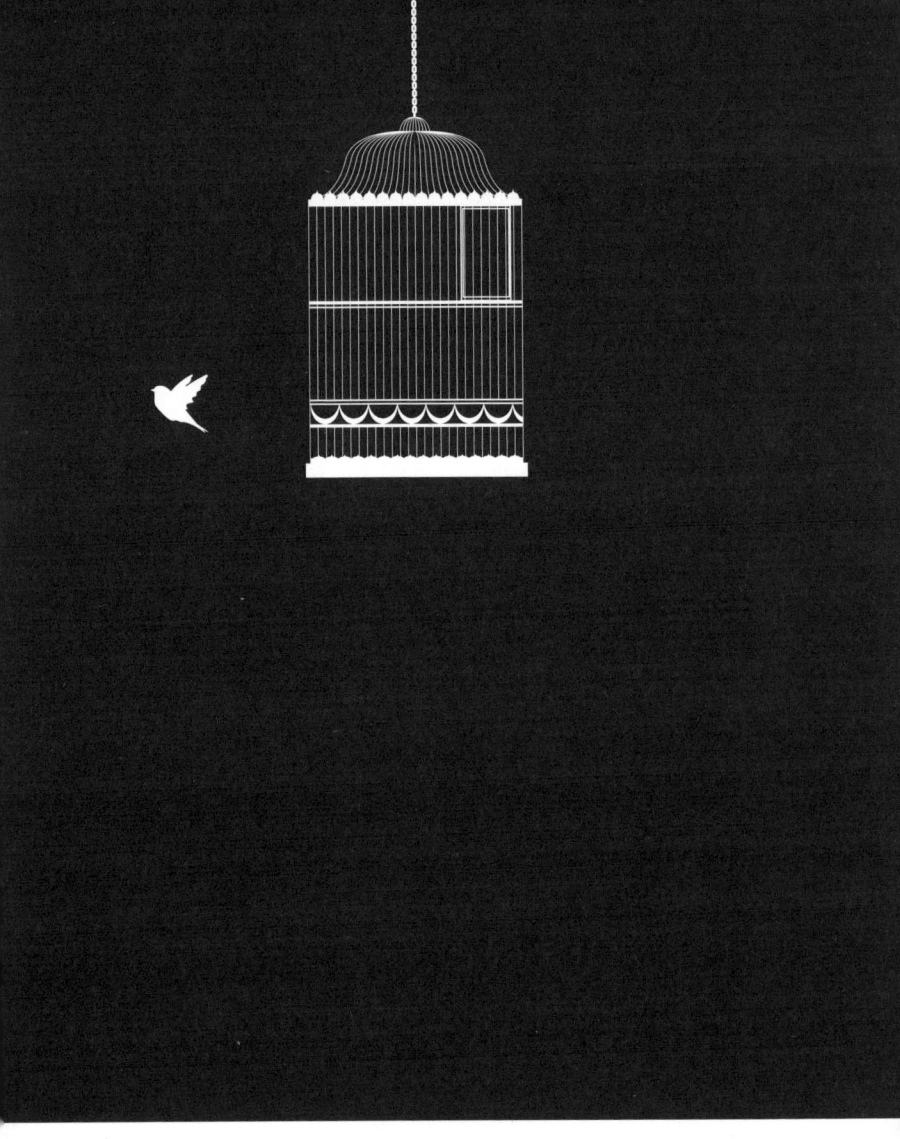

THE TRUE BOUNDS OF
CHRISTIAN FREEDOM

11
—

당신은
참된 자유를
얻었는가?

그리스도를 믿지 않는 자가 처한 위험은 무엇인가?
그는 다만 영적 자유가 없을 뿐인가?
우리가 하기 쉬운 자유에 대한 잘못된 생각은 무엇이 있는가?

당신은
참된 자유를
얻었는가?

●

비그리스도인에게 묻다

지금까지 말했듯 오직 예수님만이 우리를 자유롭게 하신다. 따라서 그리스도를 믿지 않는다면 심각한 상황에 처한 셈이다.

그리스도인이 아니라면 아직도 죄에 속박된 상태이다. 그리스도를 믿지 않는 사람은 죄를 주인으로 모시며, 죄의 종이 되기를 행복하게 여긴다. 그는 죄를 섬기는 일을 즐거워하기에 죄에서 자유롭게 되려는 마음이 없다. 복음의 메시지를 여러 번 들었지만 여전히 죄를 섬기기 좋아한다. 그는 죄의 종이 되어 살아가는 데 적극적이며, 끊임없이 죄의 욕망을 좇고, 그 욕망을 만족시키려고 애쓴다. 죄의 욕망을 만족시키는 데는 시간과 돈과 정력을 아낌없이 바칠 준비가 되어 있지만, 하나님을 믿는 데는 무엇도 희생할 생각이 없다.

참으로 심각한 상태가 아닐 수 없다. 그는 영적으로 속박된 탓에 영혼이 자유롭지 못하다. 속박된 삶은 무엇이든 끔찍하다. 그중에서도 영적 속박이 가장 심각하다. 그 이유는 당사자가 속박된 사실을 인지하지 못하기 때문이다. 그는 스스로 종이 되었는데도 그 사실을 모른다. 자신이 종이라고는 전혀 생각하지 못하고, 스스로가 자유롭다고 착각한다. 가장 위험한 환자는 스스로의 증세를 의식하지 못하는 환자이다. 영적 질병도 그렇다. 죽은 양심은 죄책감을 느끼는 양심보다 훨씬 더 위험하다.

그리스도를 믿지 않는 사람은 스스로의 상태를 변화시킬 수 없다. 그는 죄에 속박된 상태에서 벗어날 수도 없다. 그가 자유롭도록 도와줄 사람이 아무도 없다. 죄에 속박된 상태에서 자유롭게 하실 분은 오직 그리스도뿐이다. 자유의 대가는 참으로 크기 때문이다. 우리는 스스로를 자유롭게 할 능력이 없다(롬 5:6-8). 마치 모래로 된 늪에 빠진 것과 같다. 거기서 빠져나오려고 안간힘을 쓸수록 모래 속에 더 깊이 빠져든다. 이것이 비그리스도인이 처한 심각한 상태이다.

이것이 전부가 아니다. 그리스도를 믿지 않는 사람은 또한 사탄의 종이다. 그는 사탄의 죄수이고, 사탄은 그의 간수이다. 그는 사탄이 허락하는 것만 할 수 있다.

사탄은 인정이라고는 눈곱만큼도 없는 잔인한 간수이다. 그는 죄수들을 완전히 감금한 뒤 욕망과 각종 중독에 사로잡히게 한다. 어떤 죄수는 감옥 마당을 거닐도록 놔두었다가 또 자기 내키는 대로 다시 감방에 가둔다. 이런 죄수는 언뜻 조금 더 자유로워 보일 수 있지만, 감방을 못 벗어나는 죄수에 비해 조금도 더 자유롭지 못하다. 이처럼 사탄은 죄수들을 마음대로 통제한다. 인간은 모두 감방에 갇힌 죄수나 다름없는 상태로 태어난다. 인간은 종으로 태어나며 인간 안에 자유로운 것은 하나도 없다. 생각, 의지, 양심, 욕망 등 모두가 사탄에게 속박된 상태이다.

그리스도를 믿지 않는 사람은 어떤 일도 자유롭게 할 수 없다. 심지어 자유를 얻은 사람과 똑같은 일을 하더라도 정신적인 속박 상태를 벗어나지 못한다. 예를 들어 기도를 하더라도 자녀가 아닌 종으로서 기도하고, 선행을 하더라도 하나님을 사랑해서가 아닌 징벌이 무서워서 행한다. 정신이 속박된 상태이기에 무엇을 하든지 종으로서 행한다.

그리스도를 믿지 않는 사람은 율법의 종이다. 그는 율법을 지킬 수 없기에 그 저주 아래 있다(갈 3:10). 그의 모든 것, 심지어 세상에서 즐기는 좋은 것들조차 모두 저주를 받은 상태이다. 이 저주를 피할 길은 없다. 지금까지 세상에 태어난 사람들 가운데 예수 그리스도를 제외한 나머지 사람은 모두 하나님의 저주 아래 있다.

그는 또한 율법의 불가능한 요구 아래 있다. 하나님의 율법이 무엇을 요구하는지 보라. 도무지 지킬 수 없음을 깨달을 것이다(행 15:10). 하나님의 율법은 항상 완전한 순종을 요구한다. "누구든지 온 율법을 지키다가 그 하나를 범하면 모두 범한 자가 되나니"(약 2:10). 하나님의 율법은 최선을 인정하지 않는다. 완전을 요구한다. 완전에 이르지 못하면 아무리 열심히 노력해도 모두 소용이 없다.

율법을 모두 완전히 지켜야 한다. 율법의 일부만 지키거나, 오랜 시간 율법을 지키는 것으로는 충분하지 못하다. 가장 사소한 실패로도 모든 일이 수포로 돌아간다. 한 가지 죄만 지어도 정죄를 받는다. 실패를 만회할 기회나 용서는 어디에도 없다. 율법은 회개를 인정하지 않는다.

비그리스도인은 이러한 끔찍한 상태에 있다.

그리스도인에게 묻다

예수님이 우리를 죄에서 자유롭게 하기 전 우리가 얼마나 끔찍한 상태였는지 기억해 보라. 지금 우리가 누리는 자유가 얼마나 감사한가. 우리의 자유는 참으로 귀하다. 다른 모든 귀한 것들처럼 자유도 신중하게 다루어야 한다.

첫째, 우리는 자유를 오용하면 안 된다. 자유를 오용하는 것이 무엇인지 간단하게 설명하면 다음과 같다.

1) 동료 그리스도인의 믿음을 훼손하는 경우이다. 바울은 몇몇 믿음이 어린 고린도 교인들이 우상에게 바쳐진 음식을 먹자 "모든 것이 가하나 모든 것이 유익한 것은 아니요"라고 말했다. 이 말씀처럼 "모든 것이 가하지만" 모든 것이 건설적이지는 않다. 우리는 모두 자기의 유익이 아닌 다른

사람의 유익을 구해야 한다(고전 10:23-24). 자신의 자유를 행사함으로써 다른 그리스도인의 믿음을 훼손하는 일은 없어야 한다(고전 8:7-13 참조).

2) 하나님의 말씀에 순종할 필요가 없다고 생각하는 경우이다. 이미 살펴본 대로 이런 생각을 하는 사람은 죄에 속박된 상태나 다름없다. 그리스도인의 참된 자유는 하나님께 순종하는 것이다. 베드로는 "너희는 자유가 있으나 그 자유로 악을 가리는 데 쓰지 말고 오직 하나님의 종과 같이 하라"(벧전 2:16)고 말했다.

3) 옳고 그른 것을 스스로 판단하는 경우이다. 그리스도인의 자유는 규칙과 한계를 지닌다. 우리가 자유롭게 된 것은 우리 자신을 즐겁게 하기 위함이 아니다. 바울은 "형제들아 너희가 자유를 위하여 부르심을 입었으나 그러나 그 자유로 육체의 기회를 삼지 말고 오직 사랑으로 서로 종 노릇 하라"(갈 5:13)고 말했다.

둘째, 우리는 우리의 자유를 보호해야 한다. 바울은 "그리스도께서 우리를 자유롭게 하려고 자유를 주셨으니 그러므로 굳건하게 서서 다시는 종의 멍에를 메지 말라"(갈 5:1)고 말했다.

1) 다른 사람이 우리의 양심을 지배하도록 허용하면 안 된다. 우리는 그 누구에게도 예수 그리스도께 하듯 절대적으로 순종해서는 안 된다. 심지어 가장 훌륭한 사람들도 때로는 잘못을 저지를 수 있다. 하나님의 말씀으로 모든 것을 시험해야 한다. 하나님 외에는 그 누구도 우리의 삶을 완전히 지배하도록 허용해서는 안 된다.
2) 하나님의 율법을 지킴으로써 의롭다 하심을 받으려고 하면 안 된다. 하나님은 우리에게 구원을 아무런 대가 없이 선물로 베푸신다. 우리의 행위는 구원과 아무 상관이 없다. 이를 잊어서는 안 된다.
그리스도인도 하나님의 은혜가 아닌 자신의 행위를 내세워 그분께 무엇을 얻으려고 하기 쉽다. 그럴 경우 자신이 잘하고 있다는 생각이 들면 교만해지기 쉽고, 잘못하고 있다는 생각이 들면 예수님께 도움이나 용서를 구하지 않고 회피하기 쉽다. 우리가 잘하든 못하든 그리스도를 온전히 의지하는 법을 배워야 한다. 정죄든 칭의든, 징벌이든 칭찬이든 율법의 행위에는 그 무엇도 기대해서는 안 된다. 율법에 속박되지 않으면서 동시에 율법에 순종하며 살기란 쉽지 않다. 그러나 이것이 곧 그리스도인의 자유이다.

그러므로 예수께서 자기를 믿은 유대인들에게 이르시되
너희가 내 말에 거하면 참으로 내 제자가 되고
진리를 알지니 진리가 너희를 자유롭게 하리라
그들이 대답하되 우리가 아브라함의 자손이라
남의 종이 된 적이 없거늘
어찌하여 우리가 자유롭게 되리라 하느냐
예수께서 대답하시되 진실로 진실로 너희에게 이르노니
죄를 범하는 자마다 죄의 종이라
종은 영원히 집에 거하지 못하되 아들은 영원히 거하나니
그러므로 아들이 너희를 자유롭게 하면
너희가 참으로 자유로우리라
요한복음 8장 31-36절

사명선언문

너희가 흠이 없고 순전하여……세상에서 그들 가운데 빛들로
나타내며 생명의 말씀을 밝혀 _ 빌 2:15-16

1. 생명을 담겠습니다
만드는 책에 주님 주신 생명을 담겠습니다.
그 책으로 복음을 선포하겠습니다.

2. 말씀을 밝히겠습니다
생명의 근본은 말씀입니다.
말씀을 밝혀 성도와 교회의 성장을 돕겠습니다.

3. 빛이 되겠습니다
시대와 영혼의 어두움을 밝혀 주님 앞으로 이끄는
빛이 되는 책을 만들겠습니다.

4. 순전히 행하겠습니다
책을 만들고 전하는 일과 경영하는 일에 부끄러움이 없는
정직함으로 행하겠습니다.

5. 끝까지 전파하겠습니다
모든 사람에게, 땅 끝까지, 주님 오시는 그날까지
복음을 전하는 사명을 다하겠습니다.

서점 안내

광화문점 서울시 종로구 새문안로 69 구세군회관 1층
02)737-2288(T) 02)737-4623(F)

강남점 서울시 서초구 신반포로 177 반포쇼핑타운 3동 2층
02)595-1211(T) 02)595-3549(F)

구로점 서울시 구로구 시흥대로 577 3층
02)858-8744(T) 02)838-0653(F)

노원점 서울시 노원구 동일로 1366 삼봉빌딩 지하 1층
02)938-7979(T) 02)3391-6169(F)

분당점 경기도 성남시 분당구 황새울로 315 대현빌딩 3층
031)707-5566(T) 031)707-4999(F)

신촌점 서울시 마포구 서강로 144 동인빌딩 8층
02)702-1411(T) 02)702-1131(F)

일산점 경기도 고양시 일산서구 중앙로 1391 레이크타운 지하 1층
031)916-8787(T) 031)916-8788(F)

의정부점 경기도 의정부시 청사로47번길 12 성산타워 3층
031)845-0600(T) 031) 852-6930(F)

인터넷서점 www.lifebook.co.kr